論語选注

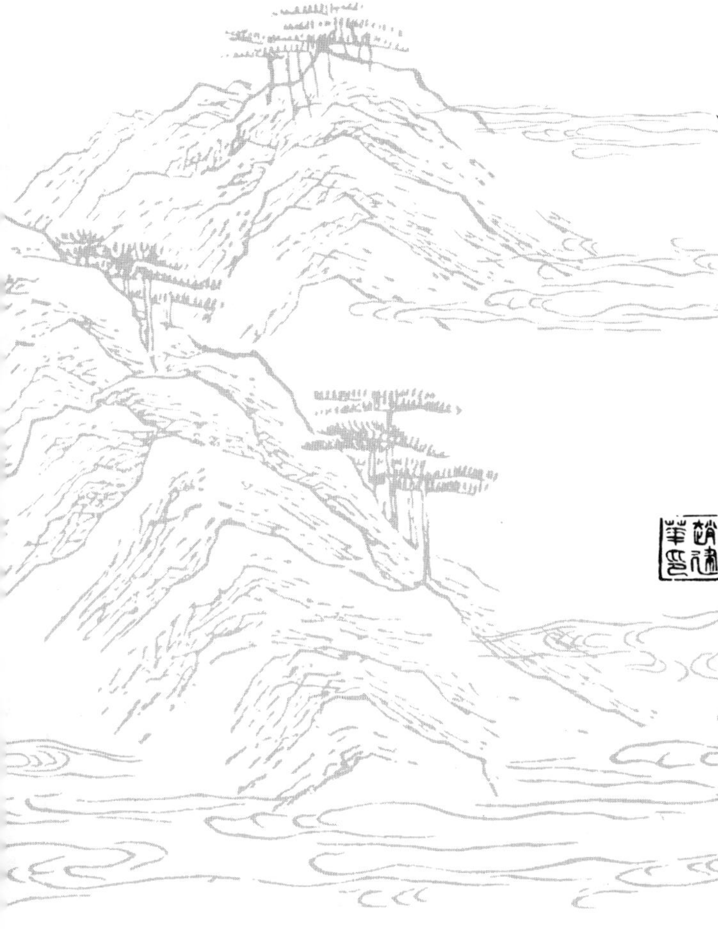

赵建华 编著

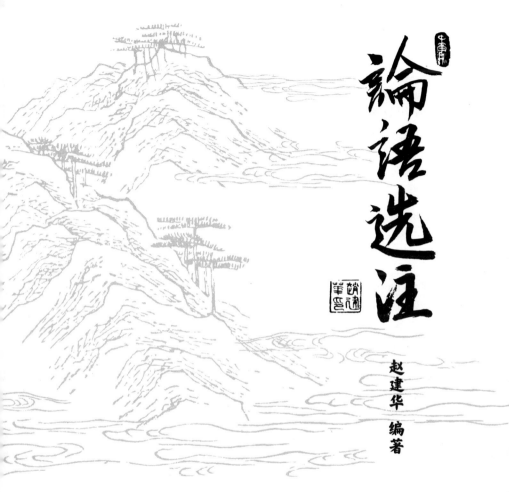

浙江工商大學出版社
ZHEJIANG GONGSHANG UNIVERSITY PRESS
·杭州·

图书在版编目（CIP）数据

论语选注 / 赵建华编著. -- 杭州 ：浙江工商大学出版社，2024. 9. -- ISBN 978-7-5178-6212-3

Ⅰ. B222.22

中国国家版本馆 CIP 数据核字第 20245GC342 号

论语选注

LUNYU XUANZHU

赵建华 编著

策划编辑	周敏燕
责任编辑	童江霞
责任校对	厉 勇
封面设计	蔡海东
责任印制	祝希茜
出版发行	浙江工商大学出版社 （杭州市教工路 198 号 邮政编码 310012） （E-mail：zjgsupress@163. com） （网址：http://www. zjgsupress. com） 电话：0571-88904980，88831806（传真）
排 版	杭州朝曦图文设计有限公司
印 刷	浙江全能工艺美术印刷有限公司
开 本	880mm×1230mm 1/32
印 张	9
字 数	210 千
版 印 次	2024 年 9 月第 1 版 2024 年 9 月第 1 次印刷
书 号	ISBN 978-7-5178-6212-3
定 价	68.00 元

编写说明

吾辈务必怀着虔诚之心、抱着崇敬之情，拜读《论语》之圣人圣言。“人心惟危，道心惟微，惟精惟一，允执厥中。”下面就从三个方面谈谈本著。

一、重要性

1. 民族复兴，文化先行。《论语》是诠释诸行“为人民服务”思想、加强思想政治建设的有效读本。

2. 我国坚持依法治国和以德治国相结合。《论语》有助于读者形成正确的价值观。

3. 心灵的启明星，有利于社会和谐。《论语》之璀璨光辉能够给探索的人们指示方向。《论语》既具有启智、养生、育德等诸多功能，又能增加读者的福祉。本著有助于读者加深对吃、住、权、钱、舆情等的理解，构建健康幸福的个人，从而构建和谐的社会。

二、综合性

1. 整合各个版本。本著整合了目前各版本的优点，有专有词、字音、字义、白话的释文，深层内涵和章节联系，重要的是纠正了目前各版本的诸多错误解释。本著从以下四个方面进行了分析:《论语》自身、人性、逻辑性、善德。

2. 精选一部分注释。《论语》共20篇498章(本著参考朱熹《四书章句集注》)。为方便读者理解,既突出圣人的思想和重点,又不失原貌,本著精选其中300余章予以注释。

3. 为便于理解,本著参阅部分《老子》的内容。大家在学习《论语》的同时还要翻翻《老子》和《易经》。为便于读者理解,本书后面附录了《老子》的内容。

三、有效性

1. 提高识人、用人的水平——格物致知。站得高看得远,读懂《论语》后可以站在新的高度来知言、知人。

2. 提高哲学水平,树立正确的价值观——诚意正心。《论语》经文启智以提高哲学水平,内含世界观、人生观、价值观。读懂《论语》就会懂得什么是价值观、该树立怎样的正确价值观,以及为什么要有这样的价值观;同时,会让我们进一步了解正确的人生观和世界观。

3. 提高个人的德——修身。道为德之体,德为道之用。心、言、行是德的三个方面。读懂《论语》就能运用中庸之道解决问题。

4. 有利于家庭和谐——齐家。齐家,以修身为前提,为治国之基础。读懂《论语》就可懂得齐家之要、之方,从而构筑幸福家庭和幸福人生。

5. 有助于团体成员的和谐——治国。一村一镇,一家一厂,一单位一组织皆可谓"邦""国"。

6. 养生——育德健体。读懂《论语》就可懂"德",可由儒入"道",得以窥"道",可葆身心健康。众人皆读懂《论语》,则国泰民安。孙思邈《备急千金要方》:“德行不充,纵服玉液金丹未能延寿。”再:“道德日全,不祈善而有福,不求寿而自延,此养生之大旨也。”又:“古之善为医者,上医医国,中医医人,下医医病……上医医未病之病,中医医欲病之病,下医医已病之病。”

编著于东阳市吴宁三中

二〇二四年五月

目　录

一、学而篇

1.01　子曰[①]:“学而时习之[②],不亦说乎[③]？有朋自远方来[④],不亦乐乎[⑤]？人不知而不愠[⑥],不亦君子乎[⑦]？”

【注】 ①子:古代通常用作对有一定知识和地位的男子的尊称。孔子很多学生的“字”前面有“子”,如“子渊”“子路”。这里指孔子。《论语》里的“子曰”特指“孔子说”。　②时:按时。习:温习,复习。　③说(yuè):同“悦”,愉快。　④朋:朋友,这里指志同道合的朋友。　⑤乐:快乐。　⑥愠(yùn):生气,恼怒。　⑦君子:古代有三种用法。一是对统治者和贵族男子的通称;二是指人格、品德高尚的人;三是对别人的尊称。《论语》中的“君子”多是第二种用法:指人格、品德高尚的人;并非特指,而是一种追求和理想。

【释文】 孔子说:“学习后按时温习,不也很愉快吗？有朋友从远方来,不也很快乐吗？别人不了解你,你也不生气,不就是君子吗？”

【编者按】

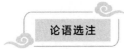

一、第一章是《论语》和孔子思想的概述，也是最深奥的一章。

二、学而时习之。朱熹《四书章句集注》："习，鸟数飞也。"再："说在心，乐主发散在外。"结合 1.04（曾子曰："吾日三省吾身：为人谋而不忠乎？与朋友交而不信乎？传不习乎？"）和 7.24（子以四教：文，行，忠，信）可理解学与习之内涵。为什么不苦不累反而喜悦？因为从小就怀着崇高的理想（2.04"志于学"，5.25"少者怀之"，7.06"志于道"），所以积极主动地温习，就不会觉得苦，有所得时反而很开心（6.18"乐之者"）。还有一层意思就是："学且悦"才是高质量的学习，这既是孔子自己的学习层次，也是他要求子弟应有的学习状态。

三、有朋自远方来，既要花钱又要花时间，为什么不会觉得烦，而是很开心？志同道合的朋友从远方来，意味着人到中年得志、事业有成，说明孔子毕生所追求的儒家之道得以推广了（5.25"朋友信之"，13.16"近者说，远者来"），那是人生的大喜事之一，怎么会不开心呢？

四、别人不了解我，我为什么不生气呢？因为有前面"朋友信之"的铺垫，所以儒家之道得以实行，天下大同、太平了（5.25"老者安之"）。到了那种程度，即使有人不了解我，也用不着生气了。

五、这章有递进含义：学道→弘道→安道（对应"怀之→信之→安之"和"少年→中年→老年"）。这就是孔子的理想人生及理想世界，也是《论语》的宗旨。

六、关于《论语》之"论"的读音。初中语文教材中读"lún"，有的资料理解为"讨论、议论"而读"lùn"。

1.02　有子曰[①]："其为人也孝弟[②]，而好犯上者[③]，鲜矣[④]；不好犯上，而好作乱者[⑤]，未之有也[⑥]。君子务本[⑦]，本立而道生[⑧]。孝弟也者，其为仁之本与[⑨]！"

【注】 ①有子：人名。孔子弟子，有氏，名若，字子有，孔门七十二贤之一，被尊为儒学圣贤。　②孝：孝敬父母及长辈，并非孝顺。弟（tì）：同"悌"，敬爱哥哥。　③好（hào）：喜欢。后面两个"好"字读音相同。犯上：冒犯尊长。　④鲜（xiǎn）：少。　⑤作乱：指叛乱，造反。《论语》中"乱"字共出现15次，皆作此解。⑥未之有：即未有之。古代，疑问句或否定句中如果有代词作宾语，往往前置。　⑦务：专心用力的意思。本：根本，即德。　⑧道：为人处世的基本道理，指儒家之道。　⑨仁：可以理解为爱己和爱人（即修身和爱众）。为仁：实施仁道。与（yū）：即"欤"，表示疑问的助词。《论语》中句尾的"与"字皆如此。

【释文】 有子说："那种孝敬父母长辈、敬爱哥哥的人，却喜欢冒犯上级，是很少见的；不喜欢冒犯上级却喜欢造反的人，更是从来没有的。君子总是努力追求根本（德），有德这一根本就会慢慢懂得"道"。孝敬父母长辈、敬爱哥哥，便是仁的根本吧！"

【编者按】

本章内在逻辑：孝悌→仁→德→道。

1.03　子曰："巧言令色，鲜矣仁！"

1.04　曾子曰[①]："吾日三省吾身[②]：为人谋而不忠乎？与朋友交而不信乎？传不习乎[③]？"

【注】　①曾子：孔子晚年的学生，名参(shēn)，字子舆，姒姓，曾氏，被后世尊称为"宗圣"，鲁国南武城(今山东平邑南，一说山东嘉祥南)人。黄帝后代，亦为夏禹王后代，曾点之子，春秋末年思想家、儒学大家，儒家学派的代表人物之一，孔门七十二贤之一，儒学五大圣人之一，孔庙四配之一。曾子参与编制了《论语》，相传《大学》《孝经》等也为他所著。　②三：数字三，指下文的忠、信、习三个方面。省(xǐng)：反省。　③传：传授。这里指老师传授的知识。习：学习。

【释文】　曾参说："我每天从以下三个方面反省自己：替别人办事不忠心吗？与朋友交往不诚信吗？对老师传授的知识没有学习吗？"

【编者按】

一、朱熹《四书章句集注》："而三者之序，则又以忠信为传习之本也。"

二、关于三

《论语》中"三"字共出现71次，皆可理解成"数字三"。此章"三"理解为下文的三个方面，语法和意义都类似于7.24"子以四教：文，行，忠，信"之"四"。能每天坚持反省一次可矣，本章强调的是反省的内容。

四、五、六、七、八、九等在《论语》中皆有表示具体数字的用法。如：6.03“冉子与之粟五秉”“原思为之宰，与之粟九百，辞”；8.01“子曰：‘泰伯，其可谓至德也已矣。三以天下让，民无得而称焉’”；8.20“舜有臣五人而天下治”；11.25“冠者五六人，童子六七人”；17.08“子曰：‘由也，女闻六言六蔽矣乎？’”；18.02“柳下惠为士师，三黜。人曰：‘子未可以去乎？’曰：‘直道而事人，焉往而不三黜？枉道而事人，何必去父母之邦’”；20.02“尊五美，屏四恶，斯可以从政矣”。

《论语》中表示不定之数的还有“二三子”“方六七十”“如五六十”等。

1.05　子曰：“道千乘之国[①]，敬事而信[②]，节用而爱人，使民以时[③]。”

【注】　①道：治理。乘(shèng)：古代用四匹马拉的兵车。朱熹《四书章句集注》：“八百家出车一乘。”春秋时期，打仗用兵车，故车辆数目的多少往往标志着这个国家的强弱和大小。千乘之国：代指中等诸侯国。　②敬事：是指对所从事的事务要谨慎专一。③人：在《论语》中共出现219次，此处指普天下之人(全体)，与1.06“泛爱众而亲仁”之“众”同义。后面的“民”，是“人”的一部分，指种田耕作的人。时：指农隙之时。古代百姓以农业为主，要按照农时来安排老百姓干活，不要耽误农田的耕作与收获。

【释文】　孔子说：“治理拥有一千辆兵车的中等国家，应该恭敬谨慎地对待政事，讲究诚信，减少国家开支，爱护老百姓，在农闲的时候安排老百姓干活。”

【编者按】

朱熹《四书章句集注》:“言治国之要,在此五者,亦务本之意也。”再:“愚谓五者反复相因,各有次第,读者宜细推之。”(注:愚系朱熹自谦。)

1.06　子曰:“弟子入则孝①,出则弟②,谨而信③,泛爱众而亲仁④。行有余力⑤,则以学文⑥。”

【注】 ①弟(dì)子:包含父之子、师之徒两重意思。这里泛指年轻人。　②入则孝,出则弟(tì):系互文。　③谨:谨慎。信:讲诚信。《大学》:“所谓诚其意者,毋自欺也。”　④泛:广,普遍。众:众人。亲:亲近。仁:仁者。　⑤余力:剩余的力量。　⑥以:用。文:指诗、书、礼、乐、御、数六艺。

【释文】 孔子说:“年轻人无论何时、何地,做事、待人都要注重孝与悌,谨慎而讲诚信,广泛地友爱民众而亲近有仁德的人。做到这些以后,如果还有剩余的力量,就用来学习六艺。”

【编者按】

一、朱熹《四书章句集注》:“尹氏曰:‘德行,本也。文艺,末也。穷其本末,知所先后,可以入德矣。’”

二、本章内在逻辑:“本→末”乃“孝悌→谨信→亲仁→学文(六艺)”。

1.07　子夏曰[①]："贤贤易色[②]，事父母能竭其力，事君能致其身[③]，与朋友交言而有信。虽曰未学，吾必谓之学矣。"

【注】　①子夏：姒姓，卜氏，名商，字子夏。晋国温（今河南温县）人。春秋末期思想家、教育家，孔门七十二贤之一，亦是孔门十哲之一，被尊称为"卜子"。子夏个性阴郁勇武，好与贤己者处，孔子的高足，以文学著称。　②贤贤：第一个"贤"字作动词用，以……为贤；第二个"贤"是名词，意思是"贤德"。贤贤即尊重贤者，尊有德之人为贤。易："易"字有三义。一是"变化"，二是"容易"，三是"周全"。这里是改变、变化的意思。色：好看的外貌或外表。③致：奉献、尽力。"致其身"与"竭其力"都表示尽力、尽忠的意思。

【释文】　子夏说："（娶妻、择婿、交友等）要以本质贤德为上，而改变以前以外表为上的陋习，侍奉父母能够竭尽全力，服侍君主能够尽忠甚至在需要的时候可以献出自己的生命，同朋友交往说话诚实、守信用。这样的人，即使他自己说没有学习，我也一定认为他已经学过了。"

【编者按】

一、朱熹《四书章句集注》："贤人之贤，而易其好色之心，好善有诚也。"

二、字字珠玑，一字万金呐！

1.08 子曰："君子不重则不威①，学则不固。主忠信。无友不如己者②。过则勿惮改③。"

【注】 ①重：庄重、自持。 ②无：没有。不如己者：不如自己的人，这里特指忠信方面。 ③过：过错、过失。惮(dàn)：忌惮。

【释文】 孔子说："作为君子，如果不庄重就没有威严，所学也就不会牢固。关键在于忠和信。没有一个朋友在忠和信方面不如自己。有了过错就不忌惮改正。"

【编者按】

一、朱熹《四书章句集注》："程子曰：'学问之道无他也，知其不善，则速改以从善而已。'"再："游氏曰：'君子之道，以威重为质，而学以成之。学之道，必以忠信为主。'"

二、"无友不如己"理解为"无友忠信不如己"。原壤(14.46)是孔子的老朋友。

三、"忠信"仅有"有无"之别，没有"等次"之分。

1.09 曾子曰："慎终追远①，民德归厚矣②。"

【注】 ①慎终追远：系互文。慎、追：指慎重、合礼。终、远：指父母和祖辈的丧事、祭祀。 ②民德：指大众之心、社会之风。厚：淳朴。

【释文】 曾子说："要慎重、按礼对待父母和祖辈的丧事、祭祀，这样就能引导大众之心、社会之风慢慢归向淳朴了。"

【编者按】

后人须尊重前人，尊重历史。始有传承，方有未来。

1.10 子禽问于子贡曰："夫子至于是邦也，必闻其政。求之与？抑与之与？"子贡曰："夫子温、良、恭、俭、让以得之。夫子之求之也，其诸异乎人之求之与？"

1.11 子曰："父在，观其志；父没，观其行；三年无改于父之道，可谓孝矣。"

1.12 有子曰："礼之用①，和为贵②。先王之道，斯为美③，小大由之。有所不行，知和而和，不以礼节之④，亦不可行也。"

【注】 ①礼：有两层含义。其一指日常生活中的礼貌、礼仪；其二指古代以等级制度为核心的一整套社会制度。 ②和：和气。③先王之道：指的是古代圣王（如周文王、周武王）的治国之道。④节：约束。

【释文】 有子说："礼的作用，就是遇事处理恰当，以和气为贵。以前的圣明君主（周文王、周武王）治理国家，就是以和为贵，无论小事大事，他们都按这个原则。但是，有时候也不这样做，因为如果一味地为‘和’而‘和’，却不用礼去约束它，那也是行不通的。”

【编者按】

一、朱熹《四书章句集注》：“范氏曰：‘凡礼之体主于敬，而其用则以和为贵。敬者，礼之所以立也；和者，乐之所由生也。’”

二、“和气”须以德准之，以礼待之。

1.13 有子曰：“信近于义①，言可复也②。恭近于礼，远耻辱也③。因不失其亲④，亦可宗也⑤。”

【注】 ①信：指事先约定好的事情。义：指正义、道义。②复：履行诺言。 ③远(yuàn)：作动词，可以理解为避免。④因：凭借。 ⑤宗：作动词用，依靠。

【释文】 有子说：“以前的约定如果符合正义、道义，这种约定应该兑现。态度恭敬又符合礼节规矩，能避免羞辱。凭其不忘记身边(有贤德)的亲朋好友，那这个人也是靠得住的。”

【编者按】

朱熹《四书章句集注》：“此言人之言行交际，皆当谨之于始而虑其所终，不然，则因仍苟且之间，将有不胜其自失之悔者矣。”

1.14 子曰：“君子食无求饱①，居无求安②，敏于事而慎于言，就有道而正焉③，可谓好学也已。”

【注】 ①饱：这里是贬义词。指奢靡的饮食。安：贬义词。指居所宏大豪华。 ②食无求饱，居无求安：系互文，意思是饮食和居所都不要追求豪华、奢侈。 ③就：接近，到。有道：指有道德、有学问的人。正：矫正，行正义。《论语》中的“正”都含有“正义、正道、正直”之意。

【释文】 孔子说：“君子的饮食和居所都不要追求豪华、奢侈，做事勤敏而说话谨慎，主动向有道德、有学问的人学习，追求正直，这样就可以称得上‘好学’了。”

【编者按】

一、朱熹《四书章句集注》：“尹氏曰：‘君子之学，能是四者，可谓笃志力行者矣。’”

二、参阅《老子》第12章。

三、食无求饱，居无求安。圣人圣言哪！吃，不抠也不过剩，不奢也不过朴，心平不炫耀也不追奇。住，勿大宜小锁阳气，从俭不奢易入道。延伸至穿、行等方面，亦是此理。

四、由“吃”想到“杀年猪”及其他。

小时候家里“杀年猪，端猪福”，是令人非常期待、非常高兴的一件事情。这不仅仅是一种习俗，也是加强邻里和睦友好的一座桥梁。中华大地上任何一种传统习俗，能够传承几千年，必有其可取之处，不可一刀切将其取消，其在当今有什么缺陷，可用现代科技改进，同时传承其优点。

编者回忆这些的目的在于提醒人们重视农村精神文明建设，增加人民福祉。是宝是废，是去是留，关键在于我们的认识和处理方式。我们做任何事情都要顺应天道，符合大自然的客观规律。

我们必须坚持中国共产党的领导，坚定不移走共同富裕之路，千万不可盲目照抄资本主义的那一套做法，也不能被资本所左右。以俭为宜，以德强国。

1.15 子贡曰[1]："贫而无谄[2]，富而无骄[3]，何如？"子曰："可也。未若贫而乐[4]，富而好礼者也[5]。"子贡曰："《诗》云[6]：'如切如磋，如琢如磨[7]。'其斯之谓与？"子曰："赐也，始可与言《诗》已矣！告诸往而知来者[8]。"

【注】 ①子贡：孔子弟子。端木氏，名赐，字子贡，比孔子小31岁，春秋末年卫国黎（今河南鹤壁浚县）人。孔子的得意门生，儒家杰出代表，孔门十哲之一。其口才很好，善于雄辩，且有干济才，办事通达，又能料事。子贡善于经商，家境非常富有，是春秋时期著名的富商。儒商鼻祖，是孔子弟子中的首富。 ②谄（chǎn）：谄媚，曲意迎合。 ③贫而无谄，富而无骄：系互文。 ④乐：快乐。 ⑤好（hào）：动词，喜爱。贫而乐，富而好礼：系互文。 ⑥《诗》：《诗经》。⑦如切如磋（cuō），如琢（zhuó）如磨：出自《诗经·国风·卫风》的《淇奥》。切，磋：指做兽骨兽角的工艺，既要用刀锯切割，又要用锉来加工。琢，磨：指做玉石的工艺，既要雕琢又要打磨，琢了还要磨，细中求细。现在一般作词语用，这里借用对工艺品的加工来指代对学问、品德的修炼。 ⑧诸："之于"的合音、合义。来者：未知的事。

【释文】 子贡说："不管贫穷与富贵，既不曲意迎合，也不骄傲自大，怎么样？"孔子说："可以了。但不如无论贫穷还是富贵，都要快乐又谦虚有礼。"子贡说："《诗经》上说：'既要用刀锯切割又要用锉来加工，既要雕琢又要打磨，琢了还要磨。'（使学问切磋得更精湛，品德琢磨得更良善。）就是这样的意思吗？"孔子说："赐呀，现在可以开始与你讨论《诗经》了！因为告诉你以往的，你能凭借这些而推测出某些未知的了。"

【编者按】

一、朱熹《四书章句集注》："故学者虽不可安于小成，而不求造道之极致；亦不可骛于虚远，而不察切己之实病也。"

二、修身无止境。学习、修身之法："告诸往而知来者"。

1.16 子曰："不患人之不己知[①]，患不知人也。"

【注】 ①患：担忧。不己知：即"不知己"。

【释文】 孔子说："不要担忧别人不了解自己，应该担忧的是自己不了解别人。"

【编者按】

朱熹《四书章句集注》："不知人，则是非邪正或不能辨，故以为患也。"

【小结】首章是《论语》的纲领，论述《论语》的主要内容。

二、为政篇

2.01　子曰："为政以德，譬如北辰，居其所而众星共之。"

2.02　子曰："《诗》三百，一言以蔽之，曰：'思无邪'。"

2.03　子曰："道之以政①，齐之以刑②，民免而无耻③；道之以德，齐之以礼④，有耻且格⑤。"

【注】　①道（dǎo）：这里是领导、治理的意思，同1.05"道千乘之国"的"道"。政：法制，禁令。　②齐：整齐，这里是整治的意思。道之以政，齐之以刑：系对偶。"道、齐"近义，"政、刑"近义。③免：免罪、免刑。这里是逃过、躲过的意思。耻：羞愧。　④道之以德，齐之以礼：系对偶。"德""礼"近义。　⑤格：正。这里是正义、道义的意思。此章系反义对比。

【释文】　孔子说："用政策、禁令或者用司法、刑罚来管理百姓，百姓会设法躲过处罚，但没有羞愧之心（意味着后面还要再犯错)；如果用道德、礼来管理百姓，百姓不但有廉耻之心(意味着后面不会再犯)，而且有正义、道义。”

【编者按】

一、朱熹《四书章句集注》：“免而无耻，谓苟免刑罚而无所羞愧，盖虽不敢为恶，而为恶之心未尝忘也。”再：“愚谓政者，为治之具。刑者，辅治之法。德礼则所以出治之本，而德又礼之本也。此其相为终始，虽不可以偏废，然政刑能使民远罪而已，德礼之效，则有以使民日迁善而不自知。故治民者不可徒恃其末，又当深探其本也。”

二、互文、对偶、近义排比、反义对比是《论语》中常用的修辞方法，阅读时要着重体会语句之简之美之深，整体理解以“不求甚解”。

2.04　子曰：“吾十有五而志于学①，三十而立②，四十而不惑③，五十而知天命④，六十而耳顺⑤，七十而从心所欲⑥，不逾矩⑦。”

【注】　①有(yòu)：同“又”。古文中表数字时常用“有”代替“又”，表示相加的关系。志：立志。朱熹：“志乎此，则念念在此而为之不厌矣。”学：大学之道。朱熹《四书章句集注》：“古者十有五而入大学。”大学之学，见《大学》：“物格而后知至；知至而后意诚；意诚而后心正；心正而后身修；身修而后家齐；家齐而后国治；国治而后天下平。”　②立：立身，指具有一定才能，能够在社会上立身处世。　③惑：迷惑，疑惑。　④天命：上天的意旨，指不能为人力所支配的事情。朱熹《四书章句集注》：“天命，即天道之流行而赋

于物者。” ⑤耳顺：指能听得进别人不同的意见。朱熹：“声入心通，无所违逆，知之之至，不思而得也。” ⑥从：随心所欲的意思。⑦矩：法度。

【释文】 孔子说：“我十五岁立志学习道，三十岁能够在社会上立身处世，四十岁不再迷惑，五十岁懂得上天的意旨，六十岁听得进别人不同的意见，七十岁时说话做事随心所欲，却不会超越法度。”

【编者按】

一、朱熹《四书章句集注》：“（程子）又曰：‘孔子自言其进德之序如此者，圣人未必然，但为学者立法，使之盈科而后进，成章而后达耳。’”

二、“志于学”“立”“知天命”乃关键之年。

2.05 孟懿子问孝[①]。子曰：“无违[②]。”樊迟御[③]，子告之曰：“孟孙问孝于我，我对曰‘无违’[④]。”樊迟曰：“何谓也？”子曰：“生，事之以礼；死，葬之以礼，祭之以礼。”

【注】 ①孟懿子：鲁国大夫，仲孙氏，名何忌。懿，谥号。②无违：既不违背礼节也不当面顶撞父母。 ③樊迟：即樊须，名须，字子迟。春秋末期鲁国人。孔门七十二贤中的重要人物，继承孔子兴办私学。其重农重稼思想在历史上具有进步意义。御：驾车，赶车。 ④对曰：下级、小辈回答上级、长辈的问题用“对曰”。比如：弟子回答老师，孩子回答父母，大臣回答君主（国君）。此处为孔子自谦之辞。

【释文】 孟懿子问什么是孝。孔子说:“既不违背礼节也不当面顶撞父母。”不久,樊迟替孔子驾车,孔子告诉他:“孟孙问我什么是孝,我对他说‘无违’。”樊迟说:“具体什么意思?”孔子说:“父母活着的时候,依礼节侍奉他们;死了以后,依礼节安葬他们、祭祀他们。”

【编者按】

一、朱熹《四书章句集注》:“胡氏曰:‘人之欲孝其亲,心虽无穷,而分则有限。得为而不为,与不得为而为之,均于不孝。所谓以礼者,为其所得为者而已矣。’”

二、今思生之孝,死之葬、祭。

2.06 孟武伯问孝①。子曰:“父母唯其疾之忧②。”

【注】 ①孟武伯:鲁国大夫,仲孙氏,孟懿子的儿子,名彘,“武”是谥号。 ②其:指孝顺的孩子。

【释文】 孟武伯问什么是孝道。孔子说:“父母仅仅为(孝顺的)孩子的疾病担忧。”

【编者按】

一、朱熹《四书章句集注》:“人子能使父母不以其陷于不义为忧,而独以其疾为忧,乃可谓孝。”参阅12.21。

二、有的把“唯其”之“其”理解为父母,那此句的意思就是做子女的只是担忧父母有没有疾病，编者认为欠妥。理由如下：其一，子女为高寿祖辈操心的事情很多，不仅限于身体疾病；其二，除了对父母的"孝"外，还有对在世的爷爷奶奶及其他祖辈的"孝"。

2.07　子游问孝①。子曰："今之孝者，是谓能养②。至于犬马，皆能有养。不敬，何以别乎③？"

【注】 ①子游：孔子的高足，言氏，名偃，字子游，又称叔氏，吴人。春秋时期思想家，孔门七十二贤中唯一的南方人。　②养（yàng）：饮食供奉。　③别：不同。

【释文】 子游问关于孝的事。孔子说："现在所说的孝者，指的是养活父母便可以了。即便是家里的狗和马，也都能饲养喂饱。没有敬重之心，那以什么来区别呢？"

【编者按】

朱熹《四书章句集注》："甚言不敬之罪，所以深警之也。"

2.08　子夏问孝。子曰："色难①。有事弟子服其劳，有酒食先生馔②，曾是以为孝乎③？"

【注】 ①色难：（侍奉父母时做到）和颜悦色为难。　②食：食物。先生：父兄。馔（zhuàn）：食用。　③曾：曾经。

【释文】 子夏问关于孝的事。孔子说:“侍奉父母时做到和颜悦色的非常可贵。遇到力气活由年轻人去做,有好吃好喝的让给年长的父兄食用,曾经这样以为就是孝吗?”

【编者按】

朱熹《四书章句集注》:“子游能养而或失于敬,子夏能直义而或少温润之色。各因其材之高下,与其所失而告之,故不同也。”

2.09 子曰:“吾与回言终日,不违如愚。退而省其私,亦足以发,回也不愚。”

2.10 子曰:“视其所以①,观其所由②,察其所安③。人焉廋哉④?人焉廋哉?”

【注】 ①视:看。以:为。所以:所做的事。 ②观:仔细看。由:动机,依据。 ③察:用心考察分析。安:所乐也,指心意所在。视其所以,观其所由,察其所安:系近义排比。 ④焉(yān):何。廋(sōu):隐藏,隐蔽。

【释文】 孔子说:“观察他所做的事,考察他做事的动机依据,了解他的心意所在。这个人的内心怎么隐藏呢?这个人的内心怎么隐藏呢?”

【编者按】

一、朱熹《四书章句集注》:“程子曰:‘在己者能知言穷理,则能以此察人如圣人也。'"

二、此乃识事、知人之法。"视→观→察"亦可理解为递进关系,即起因→经过→结果。

2.11 子曰:"温故而知新[①],可以为师矣。"

【注】 ①温:温习。故:学过的知识。新:新的理解和体会。

【释文】 孔子说:"温习学过的知识时,能得到新的理解和体会,有这种能力就可以当老师了。"

【编者按】

朱熹《四书章句集注》:"若夫记问之学,则无得于心,而所知有限,故《学记》讥其'不足以为人师',正与此意互相发也。"

2.12 子曰:"君子不器[①]。"

【注】 ①器:器具。器的特点是各适其用而不能相通。

【释文】 孔子说:"君子不能像器皿一样(,只有一种用途而不能相通)。"

【编者按】

朱熹《四书章句集注》:"成德之士,体无不具,故用无不周,非特为一才一艺而已。"

2.13　子贡问君子。子曰:“先行其言而后从之。”

【释文】　子贡问关于君子的问题。孔子说:“君子对想说的话要先去做,然后再说出来。”

【编者按】

一、朱熹《四书章句集注》:“范氏曰:‘子贡之患,非言之艰而行之艰,故告之以此。’”

二、“先行其言而后从之”应断句为“先行,其言而后从之”。

2.14　子曰:“君子周而不比,小人比而不周。”

2.15　子曰:“学而不思则罔,思而不学则殆①。”

【注】　①学而不思则罔,思而不学则殆:系互文。

【释文】　孔子说:学习和思考都很重要,两者缺其一就会感到迷茫甚至疑惑。

【编者按】

朱熹《四书章句集注》:“不求诸心,故昏而无得。不习其事,故危而不安。程子曰:‘博学、审问、慎思、明辨、笃行五者,废其一,非学也。’”

2.16　子曰:“攻乎异端①,斯害也已②!”

【注】 ①攻：致力于。异：不同。异端：不同的两端，指“过”和“不及”。亦谓不执中庸之道。 ②斯：连词，这、那的意思。害：错误。也已：语气词，无实际意义。

【释文】 孔子说：“致力于两个极端（“过”和“不及”），这是错误的！”

【编者按】

此章专谓“中庸”之要。

2.17 子曰：“由[1]，诲女知之乎[2]？知之为知之，不知为不知，是知也[3]！”

【注】 ①由：即仲由，孔子的高足，仲氏，名由，字子路。孔子弟子，孔门七十二贤之一。因他曾为季氏的家臣，又被称作季路。②女（rǔ）：同“汝”，你。知（zhī）：知道，懂得。 ③知（zhì）：同“智”，智慧。此句中前四个“知”都读“zhī”。

【释文】 孔子说：“由啊，我教你的懂了吗？懂就是懂，不懂就是不懂，这是真正的智慧啊！”

【编者按】

一、朱熹《四书章句集注》：“如此则虽或不能尽知，而无自欺之蔽，亦不害其为知矣。”

二、何以达“知”？知识→智慧→启智。

三、《马克思恩格斯选集》:“物质不是精神的产物,而精神却是物质的最高产物。”精神是物质的最高形式。既不可夸大精神的作用,也不可忽视精神的力量。

2.18 子张学干禄①。子曰:“多闻阙疑②,慎言其余,则寡尤③;多见阙殆,慎行其余,则寡悔④。言寡尤,行寡悔⑤,禄在其中矣。”

【注】 ①子张:孔子的著名学生之一,颛(zhuān)孙氏,名师,字子张。孔子死后,颛孙师成为儒家八派之一“子张之儒”的创始人。干:谋求。 ②阙(quē):通“缺”。阙疑:缺疑。这里指把疑难问题放着,不做判断。 ③尤:怨言。 ④多闻阙疑,慎言其余,则寡尤;多见阙殆,慎行其余,则寡悔:系互文。 ⑤行:行为,行动。言寡尤,行寡悔:系互文。

【释文】 子张请教怎样求得官职俸禄。孔子说:“多听、多观察,把有疑问、有危险的先放着,谨慎地说、做你觉得没疑问、没危险的那些,那就少有招怨和后悔。言语和行动少有招怨和后悔,俸禄就在这里面了。”

【编者按】

一、朱熹《四书章句集注》:“愚谓多闻见者学之博,阙疑殆者择之精,慎言行者守之约。”

二、为什么“阙”?求禄就是当官,其言行代表政府,政府以“信”为本。那么,官员的言行也必须以“信”为本,不可轻易更改,所以没把握的就要放一放。

2.19 哀公问曰①："何为则民服？"孔子对曰②："举直错诸枉③，则民服；举枉错诸直，则民不服④。"

【注】 ①哀公：鲁国国君，姓姬，名不详。鲁定公之子。在位36年，"哀"是谥号。 ②对曰：回答。这里是孔子谦虚之辞。 ③错：同"措"，安置。枉：邪恶，不正。 ④举直错诸枉，则民服；举枉错诸直，则民不服：系反义对比。

【释文】 鲁哀公问道："我怎么做才能使百姓心服口服呢？"孔子答道："把正直的人提拔上来，而且使他们职位高于不正直的人，则百姓心服口服；如果把不正直的人提拔上来，且使其职位高于正直的人，那百姓就不服气。"

【编者按】

朱熹《四书章句集注》："程子曰：'举错得义，则人心服。'"

2.20 季康子问①："使民敬、忠以劝②，如之何？"子曰："临之以庄，则敬；孝慈，则忠；举善而教不能，则劝③。"

【注】 ①季康子：季孙肥，春秋时期鲁国的正卿。姬姓，季氏，名肥。谥康，史称"季康子"。鲁大夫季桓子之子。季平子生季桓子，季桓子生季康子。季康子，事鲁哀公，此时鲁国公室衰弱，以季氏为首

的三桓强盛，季氏宗主季康子位高权重，是当时鲁国的权臣。②以：使，令。劝：勤勉，努力。　③教：教育，培训。有别于“诲”。

【释文】　季康子问：“要使百姓对上级恭敬、忠诚，并且让他们勤勉、努力，该怎么做？”孔子说：“如果你用庄重的态度对待他们，他们就会对你恭敬；如果你能做到孝敬父母、爱护幼小，他们就会忠诚；如果你能任用有德有才之士，教育、培训能力不足的人，他们就会勤勉、努力。”

【编者按】

朱熹《四书章句集注》：“孝于亲，慈于众，则民忠于己。善者举之而不能者教之，则民有所劝而乐于为善。”

2.21　或谓孔子曰①：“子奚不为政②？”子曰：“《书》云③：‘孝乎惟孝，友于兄弟，施于有政。’是亦为政，奚其为为政？”

【注】　①或：有人。　②奚（xī）：疑问词，当“何、怎么”讲。③《书》：指《尚书》。《尚书·周书·君陈》：“惟孝，友于兄弟，克施有政。”

【释文】　有人对孔子说：“您怎么不当官参与政治呢？”孔子说：“《尚书》中说：‘孝呀，孝顺父母，友爱兄弟，并把孝悌的精神施行到政治上去。’这也是参与政治，怎么一定要像你说的当官才算参与政治呢？”

【编者按】

联系实际细细品味。

2.22　子曰："人而无信，不知其可也。大车无輗①，小车无軏②，其何以行之哉？"

【注】　①大车：谓平地任载之车，多指牛车。輗(ní)：辕端用来连接、固定横木的活销。　②小车：谓田车、兵车、乘车，多指马车。軏(yuè)：车辕与横木相连接的关键。大车无軏，小车无軏：系互文。

【释文】　孔子说："一个人不讲诚信，不知他怎么能够成事。车辆没有輗、軏，那车还怎么行驶呢？"

【编者按】

朱熹《四书章句集注》："车无此二者，则不可以行，人而无信，亦犹是也。"

2.23　子张问："十世可知也？"子曰："殷因于夏礼，所损益，可知也；周因于殷礼，所损益，可知也；其或继周者，虽百世，可知也。"

2.24　子曰："非其鬼而祭之①，谄也。见义不为，无勇也。"

【注】 ①非其鬼：不是其应当祭祀的鬼。领会其引申之意。鬼指先人中的凡人，而神指先人中的圣贤，也称外神。

【释文】 孔子说："去祭祀那些不是自己应当祭祀的鬼，这是谄媚也；遇到合乎正义的事，不知道去做，那是缺乏勇气。"

【编者按】

由"祭"延伸至"行"，务必分清"不该做"与"该做"。

三、八佾篇

3.01　孔子谓季氏："八佾舞于庭，是可忍也，孰不可忍也？"

3.02　三家者，以《雍》彻。子曰："'相维辟公，天子穆穆。'奚取于三家之堂？"

3.03　子曰："人而不仁，如礼何？人而不仁，如乐何？"

3.04　林放问礼之本①。子曰："大哉问！礼，与其奢也，宁俭②；丧，与其易也③，宁戚④。"

【注】　①林放：鲁国人。亦有人说他是孔子弟子。　②与其……，宁……：与其……，不如……。　③易：这里指周全。　④戚：悲戚，哀伤。

【释文】　林放问孔子礼的根本是什么。孔子说："你的问题很重要啊！礼，与其在形式上很奢华，不如俭朴一些；丧礼，与其在仪式上面面俱到，不如内心真正哀伤。”

【编者按】

一、朱熹《四书章句集注》：“见世之为礼者，专事繁文，而疑其本之不在是也，故以为问。”再：“范氏曰：‘……俭者物之质，戚者心之诚，故为礼之本。’”又：“周衰，世方以文灭质，而林放独能问礼之本，故夫子大之，而告之以此。”

二、“俭”乃《论语》之根。

3.05　子曰：“夷狄之有君，不如诸夏之亡也。”

3.06　季氏旅于泰山。子谓冉有曰：“女弗能救与？”对曰：“不能。”子曰：“呜呼！曾谓泰山不如林放乎？”

3.07　子曰：“君子无所争，必也射乎①！揖让而升②，下而饮③，其争也君子。”

【注】　①射：指古代的射礼。射礼规定两人一组，相互作揖然后登台射箭，射完再相互作揖退下。各组射完后，胜者乃揖，不胜者升，取觯（zhì）立饮。　②揖让而升：相互作揖谦让后上场。③饮（yǐn）：这里指（被罚）喝酒。

【释文】　孔子说：“君子没有什么可与别人争的事情，除非是在射礼上。射礼比赛时，相互作揖谦让后上场射箭，赛后下场喝酒，这是一种君子之争。”

【编者按】

一、朱熹《四书章句集注》:"言君子恭逊不与人争,惟于射而后有争。然其争也,雍容揖逊乃如此,则其争也君子,而非若小人之争也。"

二、勿争,关键在修己。参阅《老子》第3章。

3.08 子夏问曰:"'巧笑倩兮①,美目盼兮②,素以为绚兮③。'何谓也?"子曰:"绘事后素④。"曰:"礼后乎?"子曰:"起予者商也⑤!始可与言《诗》已矣。"

【注】 ①倩:面容娇美。 ②盼:黑白分明。 ③绚(xuàn):彩色的图案。 ④素:白底。这里引申为仁德。 ⑤起:阐明。

【释文】 子夏问道:"'轻盈的笑脸多娇美,漂亮的眼睛黑白分明,好像在洁白的底子上画着美丽的图案。'这几句诗是什么意思呀?"孔子说:"画要绘在白色的底子上面。"子夏说:"这么说礼仪是在后(仁德在先)?"孔子说:"能够阐明我的思想的人是卜商啊!现在可以和你讨论《诗经》了。"

【编者按】

朱熹《四书章句集注》:"礼必以忠信为质,犹绘事必以粉素为先。"

3.09 子曰："夏礼，吾能言之，杞不足征也；殷礼，吾能言之，宋不足征也。文献不足故也。足，则吾能征之矣。"

3.10 子曰："禘自既灌而往者，吾不欲观之矣。"

3.11 或问禘之说。子曰："不知也。知其说者之于天下也，其如示诸斯乎！"指其掌。

3.12 祭如在①，祭神如神在②。子曰："吾不与祭③，如不祭。"

【注】 ①祭：指祭祀先祖。如在：好像（先祖）真的就在前面。②祭神：祭外神也。 ③与（yù）：参加。

【释文】 祭祀（先祖）时，好像（先祖）真的在面前。祭外神的时候，好像外神真的在我们面前。孔子说："我如果不亲自参加祭祀，（祭了）就跟没祭一样。"

【编者按】

朱熹《四书章句集注》："程子曰：'祭，祭先祖也。祭神，祭外神也。祭先主于孝，祭神主于敬。'"再："范氏曰：'……吾不与祭如不祭，诚为实，礼为虚也。'"

3.13　王孙贾问曰[①]："与其媚于奥[②]，宁媚于灶[③]，何谓也？"子曰："不然。获罪于天，无所祷也[④]。"

【注】　①王孙贾：卫国权臣。据说是周灵王之孙，名贾，出仕于卫，卫灵公的大臣。　②媚：巴结，奉承阿谀。奥：后室的西南角，被视为尊者所居的位置。这里王孙贾以奥比喻卫灵公的宠姬南子。　③灶：灶台，做饭菜用的。古人认为有灶神，因此在灶边祭之。这里王孙贾以灶神自喻。王孙贾暗示孔子：与其巴结南子，不如巴结自己。　④祷：祈求，祷告，忏悔。

【释文】　王孙贾问孔子："与其巴结奥神，不如巴结灶神，这是什么意思？"孔子说："不是这样。如果违反了天道，是没有地方可以祷告的。"

【编者按】

一、朱熹《四书章句集注》："天，即理也；其尊无对，非奥灶之可比也。逆理，则获罪于天矣，岂媚于奥灶所能祷而免乎？言但当顺理，非特不当媚灶，亦不可媚于奥也。谢氏曰：'圣人之言，逊而不迫。使王孙贾而知此意，不为无益；使其不知，亦非所以取祸。'"

二、言辞技巧高超；顺天道；无所祷。

3.14　子曰："周监于二代，郁郁乎文哉！吾从周。"

3.15　子入大庙[①]，每事问。或曰："孰谓鄹人之子知礼乎[②]？入大庙，每事问。"子闻之，曰："是礼也。"

【注】 ①大(tài)庙:太庙,开国的君主叫太祖,太祖的庙叫太庙。这里指周文王的庙,周文王是鲁国最先受封的君主。 ②鄹(zōu):鲁国地名,在今山东曲阜东南。孔子的父亲叔梁纥(hé)(子姓,孔氏,名纥,字叔梁)在鄹做过大夫,所以这一章孔子被人称为鄹人。

【释文】 孔子进入太庙,每遇到一件事都细细地询问(懂的也问)。有人说:"谁说鄹邑大夫叔梁纥的儿子懂得礼仪呀?他进入太庙,每件事都要问人。"孔子听到后,说:"这正是礼啊。"

【编者按】

一、朱熹《四书章句集注》:"尹氏曰:'礼者,敬而已矣。虽知亦问,谨之至也,其为敬莫大于此。谓之不知礼者,岂足以知孔子哉?'"

二、内心尊敬之礼重于外在形式之礼。

三、"每事问"亦行事之道。

3.16 子曰:"射不主皮①,为力不同科②,古之道也③。"

【注】 ①皮:代指箭靶。古代箭靶叫"侯",用布或皮做成,中心画着猛兽等。孔子此处讲的射不是军事上的射箭,而是射礼。射不主皮:射礼在于中与不中,不在于有没有射穿箭靶。 ②为(wèi):因为。同科:同等,同级。 ③道:规矩。

【释文】 孔子说:"射礼主要看箭是否射中,而不看是否射穿箭靶,因为各人的力气大小不同,这是古人(周文王、周武王)的规矩。”

【编者按】

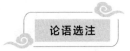

一、朱熹《四书章句集注》:“《记》曰:‘武王克商,散军郊射,而贯革之射息。’”

二、表面是礼,实则圣人之仁。故孔子不执射。

3.17 子贡欲去告朔之饩羊[①]。子曰:“赐也!尔爱其羊,我爱其礼。”

【注】 ①去:去掉,废除。告(gù)朔(shuò):朔为每月初一。周天子于每年秋冬之交向诸侯颁布来年的历书,指明来年有无闰月、每月的朔日是哪一天,这就叫“告朔”,是古代一种祭祀制度。饩(xì)羊:诸侯接受历书后,藏于祖庙。每逢初一,以一头生羊祭于庙。饩羊是古代一种祭祀仪式。

【释文】 子贡想取消每月初一用于告朔的那只羊。孔子说:“赐呀!你爱惜这只羊,我则爱惜这种礼。”

【编者按】

朱熹《四书章句集注》:“子贡盖惜其无实而妄费。然礼虽废,羊存,犹得以识之而可复焉。若并去其羊,则此礼遂亡矣,孔子所以惜之。”

3.18 子曰:“事君尽礼[①],人以为谄也[②]。”

【注】 ①事：侍奉，服侍。　②谄：谄媚，巴结。

【释文】 孔子说："按照礼制尽力服侍君主，其他人却认为这是在讨好君主，是谄媚啊！"

【编者按】

朱熹《四书章句集注》："圣人道大德宏，此亦可见。"

3.19　定公问："君使臣，臣事君，如之何？"孔子对曰："君使臣以礼，臣事君以忠。"

【释文】 鲁定公问："国君使用臣子，臣子服侍君主，应该怎么做才合适？"孔子答道："君主应该按照礼节来使用臣子，臣子应该用忠心来服侍君主。"

【编者按】

朱熹《四书章句集注》："吕氏曰：'使臣不患其不忠，患礼之不至；事君不患其无礼，患忠之不足。'"

3.20　子曰："《关雎》，乐而不淫，哀而不伤。"

3.21　哀公问社于宰我①。宰我对曰："夏后氏以松②，殷人以柏，周人以栗，曰使民战栗。"子闻之曰："成事不说③，遂事不谏④，既往不咎⑤。"

【注】 ①社：土地神。这里指社主，木制的土地神牌位。宰我：孔子学生，名予，字子我。儒家先贤，孔子著名弟子，“孔门十哲”之一，“孔门十三贤”之一，一生有很大的成就。 ②夏后氏：指夏代，夏王朝。 ③说：解释。 ④遂（suì）：完成。谏：劝阻。⑤既往：以往。咎：罪过，过错。成事不说，遂事不谏，既往不咎：近义排比。“成事、遂事、既往”近义，“说、谏、咎”近义。

【释文】 鲁哀公问宰我，做土地神的牌位应该用什么木料。宰我回答说：“夏代人用松木，殷代人用柏木，周代人用栗木，说是使百姓战战栗栗。”孔子听到这些话后（告诫宰我）说：“已经过去的不用解释，已经完成的事不必再劝谏，过去的事也不必再追究。”

【编者按】

一、朱熹《四书章句集注》：“尹氏曰：‘古者各以所宜木名其社，非取义于木也。宰我不知而妄对，故夫子责之。’”

二、其实用栗木做牌位，经久耐用不易变形，挺好。

三、此乃宰我三问之一。

3.22 子曰：“管仲之器小哉[①]！”或曰：“管仲俭乎？”曰：“管氏有三归[②]，官事不摄[③]，焉得俭？”“然则管仲知礼乎？”曰：“邦君树塞门[④]，管氏亦树塞门；邦君为两君之好[⑤]，有反坫[⑥]，管氏亦有反坫。管氏而知礼，孰不知礼？”

【注】 ①管仲（zhòng）：姬姓，管氏，名夷吾，字仲，齐桓（huán）公时的宰相，辅助齐桓公成为霸主。器：气度，器度。 ②三归：国

君封的三处采邑(封地)。 ③摄:兼职。 ④塞门:面对国君宫门的小墙。亦名“萧蔷”,又称“屏”。大臣至此屏,便会肃然起敬。⑤好(hào):友好。 ⑥坫(diàn):古代君主会盟宴飨时,献礼完毕后,用来放酒杯的土台,高可屏蔽。

【释文】 孔子说:“管仲的气度太小啦!”有人问:“管仲节俭吗?”孔子说:“管仲有三处封地,但他手下的人从不兼职,怎么能称得上节俭呢?”“那么管仲懂礼仪吗?”孔子说:“国君在宫门树立屏墙,管仲亦树立屏墙;国君设宴招待他国君主时,为了友好会见,在堂上设有反坫,管仲宴客也设有这样的反坫。如果说管仲知礼,那还有谁不知礼呢?”

【编者按】

一、朱熹《四书章句集注》:“杨氏曰:‘夫子大管仲之功而小其器。盖非王佐之才,虽能合诸侯、正天下,其器不足称也。’”

二、欲“俭”必“摄”,当今亦是。

3.23 子语鲁大师乐。曰:“乐其可知也:始作,翕如也;从之,纯如也,皦如也,绎如也,以成。”

3.24 仪封人请见。曰:“君子之至于斯也,吾未尝不得见也。”从者见之。出曰:“二三子,何患于丧乎?天下之无道也久矣,天将以夫子为木铎。”

3.25 子谓《韶》①:“尽美矣②,又尽善也③。”谓《武》④:“尽美矣,未尽善也。”

【注】 ①《韶》:相传是舜时的乐曲名。 ②美:指乐曲的声音盛而美。 ③善:指乐曲的内容实而美。 ④《武》:相传是周武王时的乐曲名。

【释文】 孔子评论乐曲《韶》说:"乐曲声音美极了,内容也好极了。"评论乐曲《武》说:"乐曲声音美极了,内容还可以更好。"

【编者按】

一、好的音乐要兼具声音美和内容善两个特质,人亦如此。

二、颜真卿书法《祭侄文稿》可谓尽美尽善矣。

3.26 子曰:"居上不宽,为礼不敬,临丧不哀,吾何以观之哉?"

四、里仁篇

4.01　子曰:"里仁为美①。择不处仁②,焉得知③?"

【注】　①里:名词,居住之地。美:好。　②择:选择居所。处(chǔ):居住。　③知(zhì):同"智"。智慧。

【释文】　孔子说:"居住之地有仁德之风才算美好的居所。选择住处时,不选择具有仁德之风的地方,怎能提升智慧呢?"

【编者按】

一、思"孟母三迁"。

二、村庄、小区应力倡文明风尚。

4.02　子曰:"不仁者不可以久处约①,不可以长处乐②。仁者安仁,知者利仁③。"

【注】　①约:贫困。　②乐:快乐、安乐。久处约,长处乐:系

反义对比。 ③知(zhì):同"智"。利:这里类似贪的意思,追求。仁者安仁,知者利仁:系互文。仁者、知者指代君子。本章系反义对比。

【释文】 孔子说:"没有仁德的人既不能长久地处于贫困的状态,也不能长久地处于快乐之中。有仁德的君子安心于有仁德的状态,有利于仁德的施行。"

【编者按】

朱熹《四书章句集注》:"不仁之人,失其本心,久约必滥,久乐必淫。"

4.03 子曰:"唯仁者能好人①,能恶人②。"

【注】 ①好(hào):喜爱。 ②恶(wù):厌恶。

【释文】 孔子说:"只有有德行的人,才能正确地喜爱人,才能正确地厌恶人。"

【编者按】

一、朱熹《四书章句集注》:"盖无私心,然后好恶当于理,程子所谓'得其公正'是也。"

二、参阅6.27。

4.04 子曰:"苟志于仁矣①,无恶也②。"

【注】 ①苟：如果。志：志向。 ②恶(è)：恶劣、恶行。这里指做缺德事。

【释文】 孔子说："如果其志向在于追求仁德，那这个人就不会去做恶劣、缺德的事。"

【编者按】

一、朱熹《四书章句集注》："杨氏曰：'苟志于仁，未必无过举也，然而为恶则无矣。'"

二、参阅 4.03。

4.05 子曰："富与贵，是人之所欲也，不以其道得之，不处也；贫与贱，是人之所恶也①，不以其道得之，不去也②。君子去仁，恶乎成名③？君子无终食之间违仁④，造次必于是⑤，颠沛必于是⑥。"

【注】 ①恶(wù)：厌恶。 ②富与贵，是人之所欲也，不以其道得之，不处也；贫与贱，是人之所恶也，不以其道得之，不去也：系反义对比。 ③恶(wū)乎：怎样。 ④终食：一顿饭的时间。 ⑤造次：急促、仓促。于是：于这，在这里，指不违仁，与仁德同在。 ⑥颠沛(pèi)：用以形容人事困顿，社会动乱。终食，造次，颠沛：意喻任何时间、任何地点、任何状况。

【释文】 孔子说："财富和高贵，是每个人都向往的，但若不以正当的手段得到，君子就不要这样的富贵；贫困和卑贱，是人们所厌恶的，但若不是行为失当而得到这种结果，君子就不会去摆脱这种贫贱。君子背离了仁德的准则，怎么能够成名呢？君子即使是一顿饭的时间也不会违背仁德，在匆忙紧迫的情况下也实行仁德，在颠沛流离的时候也实行仁德。”

【编者按】

一、朱熹《四书章句集注》：“言君子为仁，自富贵、贫贱、取舍之间，以至于终食、造次、颠沛之顷，无时无处而不用其力也。”

二、孔子关于财富的论述，每一句都非常经典出彩，务必细细品味而且落实于心理、言辞、行动(德的三个方面)。

三、《大学》：“富润屋，德润身，心广体胖。”再：“德者，本也；财者，末也。”

4.06　子曰：“我未见好仁者，恶不仁者。好仁者，无以尚之；恶不仁者，其为仁矣，不使不仁者加乎其身。有能一日用其力于仁矣乎？我未见力不足者。盖有之矣，我未之见也。”

4.07　子曰：“人之过也，各于其党①。观过，斯知仁矣②。”

【注】　①党：类别。　②斯：则，就。仁：通“人”。

【释文】　孔子说：“人们所犯的错误，各有不同的类别。所以仔细分析一个人所犯的错误，就可以知道他的为人。”

【编者按】

朱熹《四书章句集注》:"愚按:此亦但言人虽有过,犹可即此而知其厚薄,非谓必俟其有过,而后贤否可知也。"

4.08 子曰:"朝闻道[①],夕死可矣。"

【注】 ①朝:朝廷早朝。道:指道理、真理,这里指实施儒家之道,而非老子之道。

【释文】 孔子说:"如果在朝廷早朝时能够听到实施仁德(意味着儒家之道的仁德得到了实施、推广),即使很快就死去,也没有遗憾了。"

【编者按】

一、此章谓孔子毕生弘道之艰难。为了弘道,为了人生之志,为了苍生,志士仁人需有视死如归、死而后已的精神。这是民族精神之所在,气节之所在。

二、参阅 15.08。

4.09 子曰:"士志于道[①],而耻恶衣恶食者[②],未足与议也。"

【注】 ①士:指求学之士或当官的人。 ②恶(è):粗糙、劣质等。

【释文】 孔子说："读书、当官的人立志追求真理、天道，如果耻于穿破衣、吃粗糙饭食，就不值得和他讨论有关道的任何事情了。"

【编者按】

一、朱熹《四书章句集注》："心欲求道，而以口体之奉不若人为耻，其识趣之卑陋甚矣，何足与议于道哉？"

二、何谓入道？何以入道？

4.10　子曰："君子之于天下也，无适也①，无莫也②，义之与比③。"

【注】 ①适（dí）：专主。　②莫：不可，不肯。适、莫系反义词，指两个极端。无适、无莫：都指做事不死板，懂中庸之道。　③义：正义、合理。比（bì）：亲近，相近。义之与比：即"与义比"。

【释文】 孔子说："君子对于天下的万事万物，不会一定要怎样，也不会一定不能怎样，所做的事都要用正义、正道这个标准来衡量。"

【编者按】

一、朱熹《四书章句集注》："圣人之学不然，于无可无不可之间，有义存焉。"

二、谓中庸之道。

4.11　子曰:“君子怀德①,小人怀土②;君子怀刑③,小人怀惠④。”

【注】　①怀:心里存有。　②小人:与“君子”相对。指道德卑下、品德败坏之人。土:乡土,引申为虚荣。君子怀德,小人怀土:系反义对比。　③怀刑:心怀着刑罚,指畏法。　④怀惠:心怀着利益,指贪利。君子怀德,小人怀土;君子怀刑,小人怀惠:系互文。

【释文】　孔子说:“君子心怀仁德,小人心怀虚荣;君子心怀法度,小人心怀利益。”

【编者按】

朱熹《四书章句集注》:“君子小人趣向不同,公私之间而已。”

4.12　子曰:“放于利而行①,多怨。”

【注】　①放(fǎng):依据。利:这里指个人利益。

【释文】　孔子说:“依据个人的利益去做事,会招致很多怨恨。”

【编者按】

朱熹《四书章句集注》:“程子曰:‘欲利于己,必害于人,故多怨。’”

4.13　子曰："能以礼让为国乎，何有？不能以礼让为国，如礼何？"

4.14　子曰："不患无位①，患所以立②；不患莫己知③，求为可知也④。"

【注】 ①患：担心。位：职位，官职。　②所以：用（凭）……的理由。立：立于其位。　③莫己知：即"莫知己"。　④可知：可以知道，值得知道。

【释文】 孔子说："（君子）不要愁没有职位，而要担心自己凭什么本领能够胜任给你的职位；不要愁没人知道自己（的优点），应该追求值得别人知道（的德与才）。"

【编者按】

劝诫后人多学习。

4.15　子曰："参乎！吾道一以贯之①。"曾子曰："唯。"子出，门人问曰②："何谓也？"曾子曰："夫子之道，忠恕而已矣③。"

【注】 ①道：学说体系。贯：贯穿，贯通。如以绳穿物。②门人：同门学子，弟子或再传弟子。这里指曾子的弟子。③忠：对国家、对人、对职事尽心、尽力、尽责。恕：以仁爱之心对待

人和事，将心比心，能处处为别人着想。

【释文】 孔子说："曾参呀！我的学说可以用一个总的原则贯通起来。"曾参答道："是的。"孔子走出去以后，学生问曾参："这个总原则是什么啊？"曾参说："夫子学说的总原则，就是忠和恕两个字呀。"

【编者按】

一、朱熹《四书章句集注》："尽己之谓忠，推己之谓恕。"再："程子曰：'以己及物，仁也；推己及物，恕也，违道不远是也。忠恕一以贯之：忠者天道，恕者人道；忠者无妄，恕者所以行乎忠也；忠者体，恕者用，大本达道也。'"又："《中庸》所谓'忠恕违道不远'，斯乃下学上达之义。"

二、恕，参阅6.28、15.23。

4.16 子曰："君子喻于义①，小人喻于利②。"

【注】 ①喻：通晓，明白。 ②君子喻于义，小人喻于利：系反义对比。

【释文】 孔子说："君子懂得大义（道义在前，私己之利在后），小人懂得利益（私己之利在前，道义在后）。"

【编者按】

一、朱熹《四书章句集注》："义者，天理之所宜。利者，人情之所欲。程子曰:'君子之于义,犹小人之于利也。唯其深喻,是以笃好。'杨氏曰:'君子有舍生而取义者,以利言之,则人之所欲无甚于生,所恶无甚于死,孰肯舍生而取义哉?其所喻者义而已,不知利之为利故也,小人反是。'"

二、对贤人或成果的奖励,要以精神奖励为主、物质奖励为辅。"重赏之下必有勇夫",而非君子、贤者。

三、联想到古代两副对联。药店:但愿世间无疾苦,宁可架上药生尘。棺材店:不求门庭若市,顾得温饱即可。

四、参阅4.11、7.36、13.23、13.25、15.33。

4.17 子曰:"见贤思齐焉①,见不贤而内自省也②。"

【注】 ①贤:贤人,有德之人。齐:看齐。 ②省(xǐng):反省,检查。本章系反义对比。

【释文】 孔子说:"看见有德之人,就应该向他看齐改正缺点,见到无德之人,就要内心反省自己,有则改之,无则加勉。"

【编者按】

朱熹《四书章句集注》:"胡氏曰:'见人之善恶不同,而无不反诸身者,则不徒羡人而甘自弃,不徒责人而忘自责矣。'"

4.18 子曰:"事父母几谏①。见志不从②,又敬不违③,劳而不怨④。"

【注】 ①几(jī):轻微,委婉。谏:劝阻。 ②志:心意。③不违:不违父母,不违仁德。 ④劳:辛劳。参阅14.08。

【释文】 孔子说:"侍奉父母,对他们的过错应该委婉地劝阻。如果他们不接受自己的意见,仍然要对他们恭敬,既不当面顶撞又不违背礼节,虽然辛劳而无怨言。"

【编者按】

一、朱熹《四书章句集注》:"见志不从,又敬不违,所谓'谏若不入,起敬起孝,悦则复谏'也。"

二、"孝"要落实于"敬",而非"顺"。

三、参阅2.06、2.07、2.08、4.19。

4.19 子曰:"父母在,不远游。游必有方①。"

【注】 ①方:方案。指及时告诉父母自己的去处。

【释文】 孔子说:"父母在世,子女不去远处。如果要出远门,也必须把去向及时告知父母。"

【编者按】

朱熹《四书章句集注》:"范氏曰:'子能以父母之心为心则孝矣。'"

4.20　子曰："三年无改于父之道，可谓孝矣。"

4.21　子曰："父母之年[1]，不可不知也[2]。一则以喜，一则以惧。"

【注】 ①年：年龄。　②知：知道，记住。

【释文】 孔子说："父母的年龄不能不记住。一方面为其高寿而高兴，一方面又因其寿高体衰而忧惧。"

【编者按】

一、朱熹《四书章句集注》："常知父母之年，则既喜其寿，又惧其衰，而于爱日之诚，自有不能已者。"

二、参阅 2.05、2.06、4.18、4.19、12.21。

4.22　子曰："古者言之不出[1]，耻躬之不逮也[2]。"

【注】 ①不出：不轻易说出。　②耻：羞耻，这里作动词用，以……为羞耻。逮(dài)：及，赶上。

【释文】 孔子说："古代的君子从不轻易地发言表态，他们以说了而做不到为可耻。"

【编者按】

一、朱熹《四书章句集注》："范氏曰：'君子之于言也，不得已而后出之，非言之难，而行之难也。人惟其不行也，是以轻言之。言之如其所行，行之如其所言，则出诸其口必不易矣。’”

二、参阅2.13、12.03、13.20、14.04、14.21、14.29。

4.23 子曰："以约失之者鲜矣。"

4.24 子曰："君子欲讷于言而敏于行。"

4.25 子曰："德不孤，必有邻。"

4.26 子游曰："事君数①，斯辱矣。朋友数，斯疏矣②。"

【注】 ①数(shuò)：数(shù)＋说(shuō)，指谏言的次数过多。②事君数，斯辱矣。朋友数，斯疏矣：系互文。

【释文】 子游说："进谏君主、劝告朋友的次数过多，就会遭受羞辱，反而会被疏远。"

【编者按】

朱熹《四书章句集注》："胡氏曰：‘事君，谏不行则当去；导友，善不纳则当止。至于烦渎，则言者轻，听者厌矣，是以求荣而反辱，求亲而反疏也。’范氏曰：‘君臣朋友，皆以义合，故其事同也。’"

五、公治长篇

5.01　子谓公冶长[1]："可妻也[2]。虽在缧绁之中[3]，非其罪也。"以其子妻之[4]。子谓南容[5]："邦有道，不废[6]；邦无道，免于刑戮[7]。"以其兄之子妻之[8]。

【注】　①谓：这里是评价、评论的意思。公冶长：齐国人（或说鲁国人），姓公冶，名长，孔子的高足。　②妻（qì）：把……嫁给他作妻子。　③缧（léi）绁（xiè）：古代捆绑犯人用的黑色绳索。这里指监狱。　④其：指代孔子本人。子：古代儿子和女儿都称为子。此处指女儿。　⑤南容：人名，居住在南容，名绦，又名适（kuò），字子容，孔子的高足。　⑥废：废弃，作废。　⑦刑戮：刑罚。　⑧兄之子：哥哥的子女，这里指孔子哥哥的女儿。孔子的哥哥孔皮，此时已去世，故孔子为侄女主婚。

【释文】　孔子评价公冶长："可以把女儿嫁给他。虽然他曾坐过牢，但这不是他的过错。"便把自己的女儿嫁给了他。孔子评价南容："国家政治清明时，他不会被罢免；国家政治黑暗时，他可免于刑罚。”就把自己哥哥的女儿嫁给了他。

【编者按】

一、朱熹《四书章句集注》:“或曰:‘公冶长之贤不及南容,故圣人以其子妻长,而以兄子妻容,盖厚于兄而薄于己也。’”再:“避嫌之事,贤者且不为,况圣人乎?”

二、孔子的做法与现在长辈的做法差距较大。

5.02　子谓子贱:“君子哉若人!鲁无君子者,斯焉取斯?”

5.03　子贡问曰:“赐也何如?”子曰:“女,器也。”曰:“何器也?”曰:“瑚琏也。”

5.04　或曰:“雍也仁而不佞①。”子曰:“焉用佞?御人以口给②,屡憎于人。不知其仁,焉用佞?”

【注】　①雍:冉雍,字仲弓,孔子的学生。佞(nìng):巧言,拍马屁。　②御:抵挡,这里指争辩顶嘴。口给(jǐ):这里指伶牙俐齿。

【释文】　有人说:“冉雍这个人有仁德,不会巧言拍马屁。”孔子说:“何必要巧言拍马屁呢?同别人争辩时伶牙俐齿,常常被人厌恶。我不知道他的仁德如何,但何必巧言拍马屁呢?”

【编者按】

一、佞→口给→口才(无德→少德→厚德),别于德之厚薄。

二、参阅 5.24。

5.05 子使漆雕开仕。对曰:"吾斯之未能信。"子说。

5.06 子曰:"道不行,乘桴浮于海①。从我者,其由与②?"子路闻之喜。子曰:"由也好勇过我③,无所取材④。"

【注】 ①桴(fú):用来在水面浮行的木排或竹排,大的叫筏,小的叫桴。 ②从:跟从,跟随。 ③好(hào):爱好,喜欢。 ④材:通"裁",裁定,裁决。

【释文】 孔子说:"仁德之道真的无法推行了,我就乘着木排漂流于海上。跟随我的,恐怕只有仲由吧?"子路听了这话很高兴。孔子说:"仲由这个人好勇的精神超过我,但不善于裁度事理(谓不能听话听音)。"

【编者按】

一、朱熹《四书章句集注》:"程子曰:'浮海之叹,伤天下之无贤君也。子路勇于义,故谓其能从己,皆假设之言耳。子路以为实然,而喜夫子之与己,故夫子美其勇,而讥其不能裁度事理,以适于义也。'"

二、通俗地说,就是"听话听音"。参阅 2.10、20.03。

5.07 孟武伯问："子路仁乎？"子曰："不知也。"又问。子曰："由也，千乘之国，可使治其赋也，不知其仁也。""求也何如？"子曰："求也，千室之邑，百乘之家，可使为之宰也，不知其仁也。""赤也何如？"子曰："赤也，束带立于朝，可使与宾客言也，不知其仁也。"

5.08 子谓子贡曰："女与回也孰愈？"对曰："赐也何敢望回。回也闻一以知十，赐也闻一以知二。"子曰："弗如也！吾与女，弗如也。"

5.09 宰予昼寝①。子曰："朽木不可雕也②，粪土之墙不可杇也③，于予与何诛④。"子曰："始吾于人也，听其言而信其行⑤；今吾于人也，听其言而观其行。于予与改是⑥。"

【注】 ①宰予：姬姓，宰氏，名予，字子我，春秋末期鲁国人，思想家、儒家先贤。孔子弟子，孔门十哲之一，亦是孔门十三贤之一。 ②朽：腐朽。雕：刻画，雕刻。 ③杇（wū）：同"圬"，泥镘，用于给粗糙泥墙表面加上细泥团块并使之展平成涂抹层。这里作动词用，指涂饰，粉刷。 ④诛（zhū）：责备。 ⑤行：行为，行动。 ⑥是：这，这种，这样。

【释文】 宰予在白天睡觉。孔子说："腐朽的木头无法雕刻，粪土似的墙壁没办法粉刷。对宰予这个人，我该怎么责备呢。"孔子又说："以前，我对待别人，听了他的话便相信他的行为；现在，我看待一个人啊，不仅要听他的话，还要观察他的行为。因宰予而改变了以前那种方法。”

【编者按】

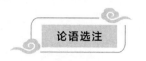

一、朱熹《四书章句集注》:“言其志气昏惰,教无所施也。”再:“言不足责,乃所以深责之。”又:“宰予能言而行不逮,故孔子自言于予之事而改此失,亦以重警之也。”又:“特因此立教,以警群弟子,使谨于言而敏于行耳。”

二、此章系《论语》里面孔子骂人的唯一章节,骂的是宰予。因此宰予成为千古负面典型,冤哉! 汉代的王充在《论衡》中曾说:“昼寝之恶也,小恶也;朽木粪土,败毁不可复成之物,大恶也。责小过以大恶,安能服人?”况且宰予一生有很大的成就,《论语》里面就有“宰我三问”,他提出了三个非常典型而又值得深思的问题。所以我们要用全面、发展的眼光客观地分析一个人。朱熹《四书章句集注》:“今或以一言盖一人、一事盖一时,皆非也。”参阅 3.21。

三、正确体会“教不严,师之惰”。

5.10　子曰:“吾未见刚者①。”或对曰②:“申枨③。”子曰:“枨也欲④,焉得刚?”

【注】 ①刚:坚强不屈的意思,人最难得的一种品质。　②或:有人。　③申枨(chéng):孔子的学生,姓申,名枨,字周。春秋时鲁国人,精通六艺,孔门七十二贤之一。　④欲:欲望。这里指欲望多。

【释文】 孔子说:“我没有见过刚毅不屈的人。”有人回答说:“申枨。”孔子说:“申枨啊,他的欲望这么多,怎么能刚毅不屈呢?”

【编者按】

朱熹《四书章句集注》："程子曰：'人有欲则无刚，刚则不屈于欲。'"

5.11 子贡曰："我不欲人之加诸我也[①]，吾亦欲无加诸人。"子曰："赐也，非尔所及也。"

【注】 ①加：增加，施加。

【释文】 子贡说："我不愿别人把我不想要的事物加在我身上，我也不会把自己不想要的事物加在别人身上。"孔子说："赐呀，这不是你能够做得到的。"

【编者按】

朱熹《四书章句集注》："愚谓无者自然而然，勿者禁止之谓，此所以为仁恕之别。"

5.12 子贡曰："夫子之文章，可得而闻也。夫子之言性与天道，不可得而闻也。"

5.13 子路有闻，未之能行，唯恐有闻。

5.14 子贡问曰："孔文子何以谓之文也？"子曰："敏而好学，不耻下问，是以谓之文也。"

5.15　子谓子产[①]："有君子之道四焉[②]：其行己也恭[③]，其事上也敬[④]，其养民也惠，其使民也义。"

【注】　①谓：评价，评论。子产：春秋时期著名政治家、思想家。姬姓，公孙氏，名侨，字子产，又字子美，谥成子，历史典籍以"子产"为通称，亦称"公孙侨""公孙成子"等。做过正卿，是郑穆公的孙子，为春秋时期郑国的贤相。　②焉：语气词。　③恭：谦逊。④敬：庄重，尊敬。

【释文】　孔子评论子产："他有四个方面符合君子的标准：他待人做事很谦逊；他侍奉国君很负责又很尊敬；他能养育百姓，让老百姓得到实惠；他安排百姓干活也合乎道义。"

【编者按】

一、朱熹《四书章句集注》："今或以一言盖一人、一事盖一时，皆非也。"参阅 2.04。

二、君子之道，参阅 14.30。

5.16　子曰："晏平仲善与人交，久而敬之。"

5.17　子曰："臧文仲居蔡，山节藻棁，何如其知也？"

5.18　子张问曰："令尹子文三仕为令尹，无喜色；三已之，无愠色。旧令尹之政，必以告新令尹。何如？"子曰："忠矣。"曰："仁矣乎？"曰："未知，焉得仁？""崔子弑齐君，陈文子有马十乘，弃而违之。至于他邦，则曰：‘犹吾大夫崔子也。’违之。之一邦，则又曰：‘犹吾大夫崔子也。’违之。何如？”子曰：“清矣。”曰：“仁矣乎？”曰：“未知，焉得仁？”

5.19　季文子三思而后行①。子闻之，曰：“再②，斯可矣。”

【注】　①季文子：指季孙行父。春秋时期鲁国的正卿。姬姓，季氏，谥号文，史称“季文子”。三：这里指数字三。　②再：这里是两次的意思。

【释文】　季文子要反复考虑三次后才行动。孔子听到后，说：“两次，就可以了。”

【编者按】

一、朱熹《四书章句集注》：“程子曰：‘为恶之人，未尝知有思，有思则为善矣。然至于再则已审，三则私意起而反惑矣，故夫子讥之。’”再：“是以君子务穷理而贵果断，不徒多思之为尚。”

二、“三思而后行”在此处乃贬义也。

5.20　子曰：“宁武子①，邦有道②，则知③；邦无道④，则愚⑤。其知可及也，其愚不可及也。”

【注】 ①宁武子:春秋时期卫国大夫宁俞,谥号武。典籍亦作"宁武""宁子""宁生"。 ②有道:在正规之路上,即国家政治清明。 ③知(zhì):聪明,有智慧。 ④无道:不在正道上,即国家政治昏暗。 ⑤愚:愚笨。这里是指韬藏其知而佯愚。邦有道,则知;邦无道,则愚:系反义对比。

【释文】 孔子说:"宁武子这个人,在国家政治清明时,就显得很聪明而出来当官做事;在国家政治昏暗时,就装作愚笨的样子。他的聪明,别人或许能够做得到;但他的佯愚,别人是赶不上的。"

【编者按】

一、朱熹《四书章句集注》:"程子曰:'邦无道能沈晦以免患,故曰不可及也。亦有不当愚者,比干是也。'"

二、供大家参考而宜细思。非"邦无道则反"。

5.21 子在陈曰:"归与!归与!吾党之小子狂简,斐然成章,不知所以裁之。"

5.22 子曰:"伯夷、叔齐不念旧恶,怨是用希。"

5.23 子曰:"孰谓微生高直①?或乞醯焉②,乞诸其邻而与之③。"

【注】 ①孰:谁。微生高:姓微生,名高,春秋时期鲁国人,孔子弟子。当时的人认为他为人爽直、坦率。直:正直,诚实。

②或：有人。乞：讨，要。醯（xī）：醋。　③诸：之于。

【释文】　孔子说："谁说微生高这个人直爽？有人向他讨要点醋，他（不说自己没有）却从自己的邻居那里要点醋来，然后给那个人。"

【编者按】

朱熹《四书章句集注》："夫子言此，讥其曲意殉物，掠美市恩，不得为直也。程子曰：'微生高所枉虽小，害直为大。'"

5.24　子曰："巧言、令色、足恭①，左丘明耻之②，丘亦耻之③。匿怨而友其人④，左丘明耻之，丘亦耻之。"

【注】　①足恭：过分的恭敬，形容巴结奉承的样子。②左丘明：姓名字号有多种说法，具体不详。春秋末期史学家、文学家、思想家、散文家。曾任鲁国史官，相传为解析《春秋》而作《左传》（又称《左氏春秋》），又作《国语》。　③丘：孔子自称，相当于现在的第一人称"我"。　④匿：隐藏。友：作动词用，做朋友。

【释文】　孔子说："花言巧语、伪善拍马、巴结奉承，左丘明认为这种人可耻，我也认为可耻。把怨恨、不满暗藏于心，表面上却同他友好，左丘明认为这种人可耻，我也认为可耻。"

【编者按】

朱熹《四书章句集注》："谢氏曰：'……又以深戒学者，使察乎此而立心以直也。'”

5.25　颜渊、季路侍[①]。子曰：“盍各言尔志[②]?”子路曰：“愿车马、衣轻裘[③]，与朋友共。敝之而无憾[④]。”颜渊曰：“愿无伐善[⑤]，无施劳[⑥]。”子路曰：“愿闻子之志。”子曰：“老者安之[⑦]，朋友信之，少者怀之[⑧]。”

【注】　①颜渊：颜回，颜氏，名回，字子渊，亦称颜渊。鲁国都城人(今山东曲阜)，居陋巷，尊称复圣颜子，颜无繇之子。春秋末期思想家，孔门七十二贤之首。　②盍：何。尔：你，你们。　③车：动词，拉车。车马：能拉车的好马。当时，马不是用来骑的而是用来拉车的，且大夫必须坐马车，所以马非常贵重。衣(yì)：作动词，穿。裘：皮衣。轻裘：质量很好、很轻的毛皮衣服。车马、轻裘意喻贵重财物。　④敝：坏了，破旧。憾：遗憾。　⑤伐：夸耀。　⑥施：夸大。劳：劳事，功劳。无伐善，无施劳：系近义对比。　⑦安：作动词用，安享之意。之：指实施仁德的儒家之道。　⑧怀：心里怀着，有志于。

【释文】　颜渊、季路侍候在孔子身边。孔子说：“你们何不各自谈谈自己的志向?”子路说：“我愿意拿出能拉车的好马、穿的轻裘等贵重物品，和朋友们共同使用。即使破旧了也不遗憾。”颜渊说：“我不夸耀自己的优点，不显扬自己的功劳。”子路说：“我们希望听听老师的志向。”孔子说：“我愿老年人安享儒家之道(实施儒家之道的国家，人人有了快乐)，愿朋友坚信儒家之道(而志于弘道)，愿年少的人心里怀着儒家之道(而乐学)。”

【编者按】

一、朱熹《四书章句集注》:"程子曰:'夫子安仁,颜渊不违仁,子路求仁。'"

二、为了更好地理解《论语》,可以看看《老子》,并思考:孔子之道与老子之道有何异同?

三、参阅 1.01。

5.26　子曰:"已矣乎!吾未见能见其过而内自讼者也。"

5.27　子曰:"十室之邑,必有忠信如丘者焉,不如丘之好学也。"

六、雍也篇

6.01　子曰："雍也可使南面。"仲弓问子桑伯子。子曰："可也简。"仲弓曰："居敬而行简，以临其民，不亦可乎？居简而行简，无乃大简乎？"子曰："雍之言然。"

6.02　哀公问："弟子孰为好学？"孔子对曰："有颜回者好学，不迁怒，不贰过，不幸短命死矣！今也则亡，未闻好学者也。"

6.03　子华使于齐[①]，冉子为其母请粟[②]。子曰："与之釜[③]。"请益[④]。曰："与之庾[⑤]。"冉子与之粟五秉[⑥]。子曰："赤之适齐也[⑦]，乘肥马，衣轻裘[⑧]。吾闻之也，君子周急不继富[⑨]。"原思为之宰[⑩]，与之粟九百[⑪]，辞[⑫]。子曰："毋！以与尔邻里乡党乎[⑬]！"

【注】　①子华：孔子的学生，姓公西，名赤，字子华，又称公西华。东周时期鲁国学者、孔子弟子，孔门七十二贤之一。公西赤有

非常优秀的外交才能。使：出使。 ②冉子：姓冉，名求，字子有，通称“冉有”，尊称“冉子”，鲁国人。周文王第十子冉季载的嫡裔。春秋末年著名学者、孔子门徒，孔门七十二贤之一。为（wèi）：替。请：申请（赠送）。粟：小米。 ③釜（fǔ）：中国春秋战国时期量器名，亦是容量单位，标准不一。 ④益：增加。 ⑤庾（yǔ）：容量单位。 ⑥秉：容量单位。（关于“釜”“庾”“秉”有多种说法，下面的说法比较符合本章：六斗四升为一釜；二斗四升为一庾；十六斛为一秉。一斛为十斗，十升为一斗。因此，三者容量的大小关系应该是：秉＞釜＞庾。） ⑦适：往，去。 ⑧乘肥马：乘坐肥马拉的车。轻裘：质量很好、很轻的毛皮衣服。肥马，轻裘：这里意喻很富有。⑨周：通“赒”，救济，补不足。急：指境况窘迫的穷人。继：继续，增益。 ⑩原思：姓原，名宪，字子思，孔门七十二贤之一。原宪出身贫寒，个性狷介，一生安贫乐道，不肯与世俗合流。宰：家宰，管家。⑪粟：宰之禄。九百：“不言其量，不可考。”（朱熹语）这里理解为九百斗。 ⑫辞：推辞，拒绝。 ⑬邻里乡党：古代地方单位的名称。五家为邻，二十五家为里，一万二千五百家为乡，五百家为党。这里应该指居住在附近的穷人。

【释文】 子华出使齐国，冉有替子华的母亲向孔子申请补助一些小米。孔子说：“给她一釜（六斗四升）。”冉有请求再增加一些，孔子说：“再给她一庾（二斗四升）。”冉有却给了她八百斗。孔子说：“公西赤到齐国去，乘肥马拉的车，穿着质量很好的毛皮衣服。我听人说：君子应该救济窘迫的穷人，而不应该再给富人增添财物。”原思做了孔子家的总管，孔子给他俸禄小米九百斗，原思推辞不要。孔子说：“不要推辞了！如果有多余，就给居住在你附近的穷人吧！”

【编者按】

一、朱熹《四书章句集注》:"言常禄不当辞,有余自可推之以周贫乏,盖邻、里、乡、党有相周之义。程子曰:'夫子之使子华,子华之为夫子使,义也。而冉子乃为之请,圣人宽容,不欲直拒人。故与之少,所以示不当与也。请益而与之亦少,所以示不当益也。求未达而自与之多,则已过矣,故夫子非之。'"再:"张子曰:'于斯二者,可见圣人之用财矣。'"

二、参阅《老子》第77章。

6.04　子谓仲弓曰:"犁牛之子骍且角,虽欲勿用,山川其舍诸?"

6.05　子曰:"回也,其心三月不违仁,其余则日月至焉而已矣。"

6.06　季康子问:"仲由可使从政也与?"子曰:"由也果,于从政乎何有?"曰:"赐也,可使从政也与?"曰:"赐也达,于从政乎何有?"曰:"求也,可使从政也与?"曰:"求也艺,于从政乎何有?"

6.07　季氏使闵子骞为费宰。闵子骞曰:"善为我辞焉。如有复我者,则吾必在汶上矣。"

6.08　伯牛有疾,子问之,自牖执其手,曰:"亡之,命矣夫!斯人也而有斯疾也!斯人也而有斯疾也!"

6.09　子曰："贤哉[①]，回也！一箪食[②]，一瓢饮[③]，在陋巷。人不堪其忧[④]，回也不改其乐[⑤]。贤哉，回也！"

【注】 ①贤：贤德。哉：表感叹的语气词。　②箪（dān）：古代盛饭用的圆形竹器。食：食物。　③瓢（piáo）：把很老的葫芦晒干，去其肉籽掏空。整个可装酒，切成两半可用于舀液体，古时家里多用于舀水。一箪食，一瓢饮：意喻生活之俭。　④堪（kān）：能忍受。　⑤乐：开心，快乐。

【释文】 孔子说："真是个大贤人啊，颜回！用一个竹筐盛饭，用一只瓢喝水，住着陋巷里面的破旧房子。其他人都觉得忍受不了而担忧他，颜回却依旧不改变他的求道之乐。真是个大贤人啊，颜回！"

【编者按】

一、朱熹《四书章句集注》："程子曰：'颜子之乐，非乐箪瓢陋巷也，不以贫窭累其心而改其所乐也，故夫子称其贤。'"

二、参阅《老子》第 67 章。

6.10　冉求曰："非不说子之道[①]，力不足也[②]。"子曰："力不足者，中道而废。今女画[③]。"

【注】 ①说（yuè）：同"悦"，喜欢。　②力不足：力量不够。③女（rǔ）：同"汝"。画：划定界限，画地为牢。朱熹：画者，能进而不

欲。谓之画者，如画地以自限也。

【释文】 冉求说："我不是不喜欢老师说的道，是我力量不够。"孔子说："如果真的只是力量不够，你会努力追求道，然后在中途而放弃。如今你却画地为牢，能进而不想进。"

【编者按】

一、朱熹《四书章句集注》："夫子称颜回不改其乐，冉求闻之，故有是言。"

二、理解"不足、废、画"与"创新、德、法"的内涵及区别。

6.11　子谓子夏曰："女为君子儒，无为小人儒。"

6.12　子游为武城宰。子曰："女得人焉尔乎？"曰："有澹台灭明者，行不由径。非公事，未尝至于偃之室也。"

6.13　子曰："孟之反不伐，奔而殿。将入门，策其马，曰：'非敢后也，马不进也。'"

6.14　子曰："不有祝鮀之佞①，而有宋朝之美②，难乎免于今之世矣。"

【注】 ①祝鮀(tuó)：人名，字子鱼，他是祝官(《论语正义》："不得称大夫。")，祝即祝史，祭祀中负责赞词，有口才，善于外交辞令，为时世贵之。佞：巧言。祝鮀因巧言受到卫灵公宠爱。　②朝：人名，宋国公子朝，有美色但好淫。《左传》中记载他曾因美貌好淫而

惹起祸乱。

【释文】 孔子说:"如果没有祝鮀那样的巧言,仅仅有宋国公子朝那样的美貌,在当今社会里也难以避免祸害。"

【编者按】

一、朱熹《四书章句集注》:"言衰世好谀悦色,非此难免,盖伤之也。"

二、劝诫贤者思己。

三、参阅1.07、5.04、5.24。

6.15 子曰:"谁能出不由户①?何莫由斯道也②?"

【注】 ①户:门。 ②莫:否定性的指示代词,指没有人。道:正道。这里喻"儒家之道"。

【释文】 孔子说:"谁能够走出屋子而不经过房门呢?为什么没有人走儒家之道呢?"

【编者按】

一、朱熹《四书章句集注》:"洪氏曰:'人知出必由户,而不知行必由道。非道远人,人自远尔。'"

二、请细品其味。

三、参阅《老子》第11章、第70章。

6.16 子曰："质胜文则野①，文胜质则史②。文质彬彬③，然后君子④。"

【注】 ①质：内涵，本质。胜：胜过，超过。文：文采，修辞。野：粗俗，粗野。 ②史：史书或史官。由于修史，诚或不足。这里表示虚伪。质胜文则野，文胜质则史：系反义对比。 ③文质彬彬：文采和内涵一样好。引申为外貌和仁德一样好。 ④然：这样。

【释文】 孔子说："内涵超过文采就会显得粗野，文采超过内涵又难免流于虚伪。文采（外貌）和内涵（仁德）都好，这样才能成为君子。"

【编者按】

一、朱熹《四书章句集注》："杨氏曰：'文质不可以相胜。然质之胜文，犹之甘可以受和，白可以受采也。文胜而至于灭质，则其本亡矣。虽有文，将安施乎？然则与其史也，宁野。'"

二、参阅15.40。

6.17 子曰："人之生也直①，罔之生也幸而免②。"

【注】 ①生：生存，活着。 ②罔（wǎng）：诬罔不直，不正直。

【释文】 孔子说："常人活在世上，靠的是正直，不正直也能生存的人，那是侥幸又逃避了灾难。”

【编者按】

一、劝勉人行正直之道，去侥幸之心。

二、参阅5.23。

6.18　子曰：“知之者不如好之者[①]，好之者不如乐之者[②]。”

【注】 ①好（hào）：喜欢，爱好。　②乐：以……为快乐。

【释文】 孔子说：“对于道、学问、技艺等，知道学习的人不如爱好它的人，爱好它的人又不如以之为乐的人。”

【编者按】

一、朱熹《四书章句集注》：“尹氏曰：‘知之者，知有此道也。好之者，好而未得也。乐之者，有所得而乐之也。’”

二、攀登之势。学习层次之递进：知学→好学→乐学。

三、学而乐，乃会思，能修己。亦谓，乐乃学之要，乐学乃教之至。参阅1.01、2.11、4.17、6.21、7.06、7.08、7.16、7.24、9.07、11.21、14.08、16.09。

6.19　子曰：“中人以上[①]，可以语上也[②]；中人以下，不可以语上也。”

【注】 ①上：之上，上面。 ②语（yù）：告诉，讲说，谈论。上：高深的学问。

【释文】 孔子说："学习和领悟能力在中等资质以上的，可以给他讲授高深的学问；学习和领悟能力在中等资质以下的，不能给他讲授高深的学问。"

【编者按】

一、朱熹《四书章句集注》："言教人者，当随其高下而告语之，则其言易入而无躐等之弊也。"再："故就其所及而语之，是乃所以使之切问近思，而渐进于高远也。"

二、并非戴有色眼镜看人，而是劝诫人们要因材施教。

6.20 樊迟问知①。子曰："务民之义②，敬鬼神而远之③，可谓知矣。"问仁。曰："仁者先难而后获④，可谓仁矣。"

【注】 ①知（zhì）：智慧，聪明。 ②务：努力做好。义：正义，合理。 ③远（yuàn）：作及物动词，疏远，避开。 ④先难：困难在前，意思是先付出劳动。

【释文】 樊迟问智慧是什么。孔子说："做顺乎民意的事，敬重鬼神而疏远它们，这就是智慧。"樊迟又问仁是什么。孔子说："有仁德的人先付出艰苦的劳动，再过问得到怎样的收获，这就是仁。"

【编者按】

一、朱熹《四书章句集注》："专用力于人道之所宜，而不惑于鬼神之不可知，知者之事也。"再："程子曰：'人多信鬼神，惑也。而不信者又不能敬，能敬能远，可谓知矣。'又曰：'先难，克己也。以所难为先，而不计所获，仁也。'"

二、参阅 1.09、3.12、11.11、12.22。

6.21　子曰："知者乐水①，仁者乐山②；知者动，仁者静；知者乐，仁者寿③。"

【注】　①知(zhì)：聪明，智慧。后面亦是。乐(yào)：要(yào)＋乐(lè)，主动追求快乐之意。　②知者乐水，仁者乐山：系互文。后两句亦同。　③知者乐水，仁者乐山；知者动，仁者静；知者乐，仁者寿：系近义排比。先知者、仁者，再乐水、乐山，然后动、静，最后乐、寿。知者、仁者指代君子，参阅 14.30。

【释文】　孔子说："君子都喜欢主动去游玩山水、看看大自然，感受天地之道；君子既会运动，又会沉静思考，能动静结合、学思结合；君子活得快乐又长寿。"

【编者按】

一、为何将乐读"yào"？

因为唯此发音方可表达"要(yào)＋乐(lè)"之意。由此可见中华文化之美妙！

二、这一章有递进之意。

“水山→动静→乐寿”。

三、启智之法，养生之道。启智乃学之起点与终点。以智统情，则人聪慧而事合度。以情志养生，则人身心平衡和谐。养生之道在神静心清，养生之经在自然。动而与阳同德，静而与阴同波。

6.22 子曰：“齐一变，至于鲁；鲁一变，至于道。”

【释文】 孔子说：“如果齐国加以改革，能够达到鲁国的境界；如果鲁国加以改革，能够达到符合大道的境界。”

6.23 子曰：“觚不觚，觚哉！觚哉！”

6.24 宰我问曰：“仁者，虽告之曰①：‘井有仁焉②。’其从之也？”子曰：“何为其然也？君子可逝也③，不可陷也；可欺也，不可罔也④。”

【注】 ①虽：即使，假如。 ②仁：有仁德之人。因为是假设性的问题，所以可以这样理解。 ③逝：往，这里是去救的意思。④罔(wǎng)：诬罔，愚弄。可逝也，不可陷也；可欺也，不可罔也：系互文。

【释文】 宰我问道：“一个有仁德的人，如果别人告诉他：‘井里有一位有仁德的人。’他是不是该跟着下井去救呢？”孔子说：“为什么要下井去救呢？君子可以前往救人，但是自己不可陷入危险之中；可以受骗前往救人，但不可以被愚弄而跳入井中。”

【编者按】

一、朱熹《四书章句集注》：“此理甚明，人所易晓，仁者虽切于救人而不私其身，然不应如此之愚也。”

二、宰我三问之二。此问内含哲理：救，危矣；不救，不仁也。

三、安全第一。参阅14.33。

6.25　子曰：“君子博学于文，约之以礼，亦可以弗畔矣夫。”

6.26　子见南子，子路不说。夫子矢之曰：“予所否者，天厌之！天厌之！”

6.27　子曰：“中庸之为德也①，其至矣乎②！民鲜久矣③。”

【注】　①中庸：孔子学说中道德的最高标准，亦是最好的处事原则与方法。大家要把握其精髓，千万不要将其误解为老好人、和事佬之类。中：折中，调和，无过之也无不及。庸：平常，普遍适用。②至：极。　③鲜（xiǎn）：少。久：很久，长久。

【释文】　孔子说：“中庸作为道德，该是最好的了！但人们缺乏中庸这种道德已经很久了。”

【编者按】

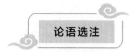

一、朱熹《四书章句集注》："程子曰：'不偏之谓中，不易之谓庸。中者天下之正道，庸者天下之定理。'"

二、公正和公平。

（一）绝对的"公平"实际上是不存在的。《论语》里也没有表达"公平"，只反复提到"正"。我们每个人因为不同的人生经历形成了不同的价值观，也就有不同的价值判断。因此有"君子喻于义，小人喻于利"之说。

（二）"公平"一词最早出现于《管子·形势解》："天公平而无私，故美恶莫不覆；地公平而无私，故小大莫不载。"所以，只有天、地才能做到公平，人是无法做到绝对公平的。亦可参阅《老子》第5章。

（三）公正为要。"公正"（公即广而告之的意思，正即正道、正义的意思），就是"中庸之道"，也就是20.01的"允执其中"。编者认为不应用"公平"这个词语，应用"公正"代替"公开、公平"，以达心服口服。以"公"为前提，我们应该能做到"正"，但我们无法做到"平"。比如，将长度为10厘米的木棍均分给两个人。所谓"公平"就是取在5厘米处。所谓"公正"就是在4～6厘米之间取个合适的数值（视具体情况而定，或许每次取的数值都不一样），以达"无讼"之目的。

三、参阅2.16、4.03、12.13。

6.28　子贡曰[①]："如有博施于民而能济众[②]，何如？可谓仁乎？"子曰："何事于仁，必也圣乎[③]！尧、舜其犹病诸[④]！夫仁者[⑤]，己欲立而立人，己欲达而达人[⑥]。能近取譬[⑦]，可谓仁之方也已[⑧]。"

【注】 ①子贡：儒商鼻祖。　②博：广。施：布施，给予。济：救助，接济。　③圣：学问、道德达到顶点，都臻于完美。　④尧、舜：传说中上古时代的天子，都是孔子推崇的圣人。其：语气词，表推测。犹：还，尚且。病：担心，忧虑。　⑤夫(fū)：语气助词，用于句首，提起下文。　⑥达：通达，达到。己欲立而立人，己欲达而达人：系对偶。　⑦譬：比方，例子。　⑧方：方法。

【释文】 子贡说："如果一个人能经常分好处给广大老百姓，而且能够接济穷人，这人怎么样？可以说他有仁德了吗？"孔子说："哪里仅仅是仁德，那一定是至高至美的圣德了！恐怕尧和舜都会担忧难以做到这样！一个有仁德的人，自己想立足社会，想事事通达，也想让别人能够做到。能够从身边取个事例作为实践的榜样，可以说这就是实行仁道的方法。"

【编者按】

朱熹《四书章句集注》："吕氏曰：'子贡有志于仁，徒事高远，未知其方。孔子教以于己取之，庶近而可入。是乃为仁之方，虽博施济众，亦由此进。'"

七、述而篇

7.01　子曰："述而不作①，信而好古②，窃比于我老彭③。"

【注】 ①述：阐述前代圣人的典籍和思想，传旧而已。作：创作，始创。　②信：信任。好（hào）：喜欢。古：考证，探究。③窃：私下。老：老子。姓李名耳，字聃，又字伯阳（或曰谥伯阳），年长孔子20岁。中国古代思想家、哲学家、文学家和史学家，道家学派创始人和主要代表人物，与庄子并称"老庄"。在唐朝，被追认为李姓始祖。曾被列为世界文化名人，世界百位历史名人之一。老子曾担任周朝守藏室之史，以博学而闻名，孔子曾执意两次入周向他问礼。彭：彭祖。彭祖者，殷时大夫也。姓篯，名铿，颛顼玄孙。历夏而至商末，号七百岁。

【释文】 孔子说："我阐述古代典籍和思想但不始创，相信并喜爱探究古代的东西，私下里把我自己、老子、彭祖放一起作比较。"

【编者按】

一、朱熹《四书章句集注》："夫子盖集群圣之大成而折衷之，其事虽述，而功则倍于作矣，此又不可不知也。"

二、窃比于我老彭。如果"老彭"是指一个人，那么只要窃比于"老彭"即可，不用加"我"字。因为加了"我"这个字，所以"比于"的后面有三人或以上。

三、"信而好古"。编者对《论语》亦是。

7.02　子曰："默而识之①，学而不厌②，诲人不倦，何有于我哉③？"

【注】　①识(zhì)：通"志"，记。　②厌：自满。默而识之，学而不厌：系互文。　③何有于我：即"于我有何"。何有：有何，有什么。

【释文】　孔子说："无论是悄悄地从所见所闻中学还是明面上的学习，都牢牢记在心上而且不自满，教诲弟子而不感到厌倦，这些事我做到了哪些呢？"

【编者按】

一、朱熹《四书章句集注》："三者已非圣人之极至，而犹不敢当，则谦而又谦之辞也。"

二、学之途分暗明。

7.03　子曰："德之不修①，学之不讲②，闻义不能徙③，不善不能改④，是吾忧也⑤。"

【注】 ①修：修正，培养。　②讲：讲习，相互辩论。　③徙：追随，靠拢。　④闻义不能徙，不善不能改：系反义对比。　⑤忧：忧虑。

【释文】 孔子说："品德不去培养，求学问不加辩论，听到正义却不能去追随，不符合道义而不能改正，这些是我忧虑的事。"

【编者按】

朱熹《四书章句集注》："尹氏曰：'德必修而后成，学必讲而后明，见善能徙，改过不吝，此四者日新之要也。苟未能之，圣人犹忧，况学者乎？'"

7.04　子之燕居，申申如也，夭夭如也。

7.05　子曰："甚矣吾衰也！久矣吾不复梦见周公。"

7.06　子曰："志于道①，据于德②，依于仁③，游于艺④。"

【注】 ①志：志向。道：天道，儒家之道。　②据：据守。③依：不违，依靠。　④游：玩物适情。艺：诗、书、礼、乐、御、数六艺。

【释文】 孔子说："以天道为志向，以德为根本，以仁为标准，而游憩于诗、书、礼、乐、御、数六艺之中。"

【编者按】

一、朱熹《四书章句集注》："盖学莫先于立志，志道，则心存于正而不他；据德，则道得于心而不失；依仁，则德性常用而物欲不行；游艺，则小物不遗而动息有养。学者于此，有以不失其先后之序、轻重之伦焉，则本末兼该，内外交养，日用之间，无少间隙，而涵泳从容，忽不自知其入于圣贤之域矣。"

二、关于道、德、仁、义、礼。

（一）朱熹《四书章句集注》："德者，得也，得其道于心而不失之谓也。"再："仁，则私欲尽去而心德之全也。"

（二）《素书》："夫道、德、仁、义、礼五者，一体也。道者，人之所蹈，使万物不知其所由。德者，人之所得，使万物各得其所欲。仁者，人之所亲，有慈惠恻隐之心，以遂其生成。义者，人之所宜，赏善罚恶，以立功立事。礼者，人之所履，夙兴夜寐，以成人伦之序。夫欲为人之本，不可无一焉。贤人君子，明于盛衰之道，通乎成败之数，审乎治乱之势，达乎去就之理。"

（三）《论语》6.27——子曰："中庸之为德也，其至矣乎！民鲜久矣。"

（四）志于道，据于德。道为德之体，德为道之用。"道"，大家都知道是很难用文字表达清楚的，"德"亦是。道家"八道"："入道，学道，访道，修道，得道，传道，了道，成道。"参阅《老子》第38章。

（五）编者认可一种简单好记的理解："德"从字形可以拆分为"彳(chì)＋直＋心"。故"德"可以简单理解为：正直的心理＋正直的行为（含语言、动作、文字），即心里守底线、言辞有原则、行事讲方法。

(六)联系当今,可谓"道、德、仁、义、礼、法、刑"矣！亟需加强精神文明建设,增加人民福祉。

三、关于"艺"。

(一)朱熹《四书章句集注》:"文,谓诗、书六艺之文。"再:"艺,则礼乐之文,射、御、书、数之法。"故,"书"既是"文"亦是"法"。按朱熹注释,则总共就有诗、书、礼、乐、射、御、数七种。与其"六艺之文"自相矛盾!

(二)《论语》7.24——子以四教:文,行,忠,信。故"诗"乃孔子所教"六艺"之一。

(三)参阅《论语》3.16、9.02。故"射"非孔子所教"六艺"之一。

(四)综上所述,故编者倾向于"六艺"为:诗、书、礼、乐、御、数。译成白话就是:作诗歌、写文章;书法;礼仪和礼制;吹拉弹唱、谱曲;驾车、指挥;算术、推理。

(五)"六艺"乃"游"而已,切忌"恃才缺德"。

7.07　子曰:"自行束脩以上①,吾未尝无诲焉②。"

【注】 ①束脩(xiū):一束干肉。这里特指"束脩礼"。上:向上,上方,即拜师。　②诲:教诲,教导。

【释文】 孔子说:"只要主动行'束脩礼'而拜我为师的,我从没有不给予教诲的。"

【编者按】

一、朱熹《四书章句集注》：“古者相见，必执贽以为礼，束脩其至薄者。盖人之有生，同具此理，故圣人之于人，无不欲其入于善，但不知来学，则无往教之礼，故苟以礼来，则无不有以教之也。”

二、“束脩”并非学费。圣人教学不收学费。

7.08　子曰：“不愤不启①，不悱不发②。举一隅不以三隅反③，则不复也④。”

【注】　①愤：心欲求通而未能做到的意思。启：开其意。　②悱：口想说而说不出来的样子。发：达其辞。不愤不启，不悱不发：系对偶，即不愤、不悱则不启、不发，以示强调之意。　③隅：墙角，这里指一个方面。反：相证之意。　④复：再次教。

【释文】　孔子说：“不到学生冥思苦想仍不得其解的时候，不去启发他（开其意），不到他知道答案却无法表达的时候，不去开导他（达其辞）。给学生指出一个方面，如果他不能由此推知剩余三个方面，就不再次教他这个问题了。”

【编者按】

一、朱熹《四书章句集注》：“程子曰：‘愤悱，诚意之见于色辞者也。待其诚至而后告之。既告之，又必待其自得，乃复告尔。’又曰：‘不待愤悱而发，则知之不能坚固；待其愤悱而后发，则沛然矣。’”

二、此乃教、学之关键也。“愤、悱”→“启、发”→“复”，其递进的顺序切不可混。“启、发”的前提是“愤、悱”，“启、发”的目的是“复”。

三、师教、生学之首要在“愤、悱”。今之“启发式教学”“项目化学习”“系统性学习”合此乎？“刷题”已悖矣！

四、参阅1.15、6.18、19.12。

7.09　子食于有丧者之侧[1]，未尝饱也[2]。子于是日哭[3]，则不歌[4]。

【注】　①侧：附近。　②饱：这里指喝酒吃肉之饱。不能理解为粗茶淡饭之饱。　③是日：这一天。哭：指参加丧礼吊唁之哭。　④歌：动词，唱歌。

【释文】　孔子在有丧事的人附近吃饭，从来不喝酒吃肉。孔子如果这一天因参加丧礼而哭过，那就不再唱歌。

【编者按】

一、朱熹《四书章句集注》：“谢氏曰：‘学者于此二者，可见圣人情性之正也。能识圣人之情性，然后可以学道。’”

二、饱与饭的区别。

7.10　子谓颜渊曰：“用之则行[1]，舍之则藏[2]，唯我与尔有是夫[3]！”子路曰：“子行三军[4]，则谁与[5]？”子曰：“暴虎冯河[6]，死而无悔者，吾不与也。必也临事而惧[7]，好谋而成者也。”

【注】 ①行：行动。 ②舍(shě)：舍去，舍弃，指不被任用。藏：隐藏，隐居。用之则行，舍之则藏：系反义对比。 ③夫(fú)：语气词，相当于“吧”。 ④行三军：指挥三军部队作战。古代所说的“三军”是指骑马打仗的前、中、后三军。前军一般是先锋营，负责开路(架桥、修路)、侦察、应付小规模的战斗，带部分军需物资。中军就是统帅所处的大军，有当时参战的大部分兵种(骑兵、步兵)。后军就是负责主要军用物资的士兵，以及工匠、大量民工等。周制，天子可有六军，诸侯大国有三军。中军最尊，前军次之，后军又次之。周朝各个时期对于“一军”的人数的计算有很大差异，以西周初年的计算方法来看：一军二千五百人，三军合七千五百人。因为西周初期，全国人口不过三百万，周天子所辖人口不过几十万。 ⑤与(yù)：同……一起，共事。 ⑥暴虎：只用手和虎搏斗。冯(píng)：同“凭”。冯河：不用船只而赤足蹚水过河。暴虎冯河：意指只会用蛮力而不会用智慧。 ⑦惧：敬其事，心存畏惧而慎重的意思。

【释文】 孔子评价颜渊说：“如果任用，就积极行动，如果不任用，就隐居起来，只有我和你才有这样的认识吧！”子路说：“如果让您率领三军打仗，那您会找谁一起参加呢？”孔子说：“赤手空拳与老虎搏斗，徒步涉水过大河，即使死了都不后悔，这种只会用蛮力而不知道用智慧的人，我是不会与他共事的。我所要找的一定是遇事心存畏惧而慎重，善于谋划而且能完成任务的人。”

【编者按】

朱熹《四书章句集注》：“谢氏曰：‘圣人于行藏之间，无意无必。其行非贪位，其藏非独善也。若有欲心，则不用而求行，舍之而不藏矣，是以惟颜子为可以与于此。子路虽非有欲心者，然未能无固必也，至以行三军为问，则其论益卑矣。夫子之言，盖因其失而救之。夫不谋无成，不惧必败，小事尚然，而况于行三军乎？'”

7.11　子曰："富而可求也[①]，虽执鞭之士[②]，吾亦为之。如不可求，从吾所好[③]。"

【注】　①而：用法同"如"，表示假设的连词。可求：可以求得。②执鞭之士：古代的天子、诸侯和官员出行时，手执皮鞭开路的人。指代地位卑贱的职事。　③从：做。好（hào）：喜欢。

【释文】　孔子说："财富，如果可以合乎道义而求得，即使是手拿鞭子的卑贱之事，我也愿意干。如果不能合乎道义而求得财富，那我还是做自己所喜欢的事情（学道、弘道之事）。"

【编者按】

一、朱熹《四书章句集注》："杨氏曰：'君子非恶富贵而不求，以其在天，无可求之道也。'"参阅 12.05。

二、劝后贤"从吾所好"，即学道、弘道。

7.12　子之所慎：齐，战，疾。

7.13　子在齐闻《韶》，三月不知肉味。曰："不图为乐之至于斯也。"

7.14 冉有曰："夫子为卫君乎①？"子贡曰："诺，吾将问之。"入，曰："伯夷、叔齐何人也②？"曰："古之贤人也。"曰："怨乎？"曰："求仁而得仁，又何怨。"出，曰："夫子不为也。"

【注】 ①为(wèi)：赞成。卫君：卫出公蒯辄。蒯辄是卫灵公之孙，蒯聩(卫国太子)之子。蒯聩因得罪父亲卫灵公的宠妾南子，遭灵公逐之而逃往晋国。灵公死，立其孙蒯辄为君。晋国想借护送蒯聩回卫之机攻打卫国，被卫国抵御，蒯聩自然而然也被拒绝归国。这种情势客观上造成蒯聩与蒯辄父子俩争夺君位。 ②伯夷、叔齐：商末孤竹国第八任君主亚微有三个儿子：长子名允字公信，谥号伯夷(伯益)；二子亚凭；幼子名智字公达，谥号齐，世称叔齐。亚微生前有意立叔齐为嗣子，继任国君。亚微死后，按照当时的常礼，长子应该继位。但清廉自守的伯夷却说："应该尊重父亲生前的遗愿，国君应由叔齐来做。"大家又推举叔齐当国君，但叔齐说："我如当了国君，于兄弟不义，于礼制不合。"后来伯夷和叔齐双双离开了孤竹国，投奔西伯(即周文王)。于是亚凭成为孤竹国第九任君主。西伯死后，武王东进伐纣，伯夷和叔齐叩马而谏，以为父丧而用兵，是不孝不仁，周武王大怒，欲杀伯夷和叔齐，被姜太公以义人之名制止，并命人搀扶他们离开。武王灭商纣后，他们逃到首阳山，不食周粟，饥饿而死。

【释文】 冉有说："老师会赞成卫国国君卫出公蒯辄吗？"子贡说："嗯，我去问问老师。"子贡进入孔子房中，问道："伯夷和叔齐是怎样的人呢？"孔子说："他们是古代贤人啊。"子贡说："他们会怨悔吗?”孔子说:“他们追求仁德,便得到了仁德,又怎么会怨悔呢?”子贡出来,对冉有说:“老师不会赞成。”

【编者按】

一、朱熹《四书章句集注》:“时孔子居卫。”再:“程子曰:‘伯夷、叔齐逊国而逃,谏伐而饿,终无怨悔,夫子以为贤,故知其不与辄也。’”

二、子贡解决问题之技艺高超。

三、卫君,参阅 3.13、6.14、13.03、14.20、15.01、15.06。

7.15　子曰:“饭疏食①,饮水,曲肱而枕之②,乐亦在其中矣③。不义而富且贵,于我如浮云。”

【注】 ①饭:用作动词,吃。疏食:粗粮,糙米饭。　②曲肱:弯曲胳膊。枕(zhèn):用作动词,头枕(zhěn)着。　③乐:开心,快乐。

【释文】 孔子说:“吃粗粮、喝清水,弯起胳膊当枕头,乐趣也可以在其中。通过不正当的手段,而让自己变得富有且高贵,对于我来说就像天上的浮云一般虚无缥缈。”

【编者按】

一、朱熹《四书章句集注》:“程子曰:‘非乐疏食饮水也,虽疏食饮水,不能改其乐也。不义之富贵,视之轻如浮云然。’又曰:‘须知所乐者何事。’”

二、饭与饱，参阅 1.14、7.09、17.22。

7.16 子曰："加我数年，五十以学《易》①，可以无大过矣②。"

【注】 ①《易》：即《易经》。加我数年，五十以学《易》：系两个虚拟假设。 ②过：过失，过错。

【释文】 孔子说："如果延长我几年寿命或者从五十岁开始学《易经》，那么我一生就不会有大的过失了。"

【编者按】

一、朱熹《四书章句集注》："'加'作'假'，'五十'作'卒'。"再："愚按：此章之言，《史记》作为'假我数年，若是我于《易》则彬彬矣'。加正作假，而无五十字。盖是时，孔子年已几七十矣，五十字误无疑也。学《易》，则明乎吉凶消长之理，进退存亡之道，故可以无大过。盖圣人深见《易》道之无穷，而言此以教人，使知其不可不学，而又不可以易而学也。"

按朱熹的理解，此章应为："子曰：'假我数年，卒以学《易》，可以无大过矣。'"

二、《史记·孔子世家》："孔子晚而喜《易》，序《彖》《系》《象》《说卦》《文言》。读《易》，韦编三绝。曰：'假我数年，若是，我于《易》则彬彬矣。'"

编者认为司马迁《史记》记载的或许是孔子说的另外一句话，但不及本章全面。

三、编者认为《论语》此章原文无误。如果按本著的理解，就是两个虚拟假设；如果按朱熹的理解，就是一个假设。显然，两个假设更符合人性，更符合逻辑。

四、孔子认为《易经》很重要且须在五十岁之前学习。本章【释文】表明：其一，孔子说这话时已经晚年，知道自己大限将至。其二，说这话时，孔子学习《易经》的时间不长，感慨学习《易经》太晚了，还没完全读懂，如果五十岁就开始学，到说这话的时候也许就读懂了。这也可以从《易经》“十翼”中得到佐证。或许“十翼”非孔子所著（7.01 孔子乃“述而不作”），或许“十翼”系误导。其三，到说此话为止，孔子觉得自己的人生还有大的过错，还有很大的遗憾。

五、由浅入深，《论语》→《老子》→《易经》。为更好地读懂《论语》，也要翻翻其余两部古籍。

六、《易经》，是阐述世间万象变化的经典。包括《连山》《归藏》《周易》三部易书，其中《连山》《归藏》已经失传，现存于世的只有《周易》，因此《易经》亦俗称《周易》。《易经》是中华民族智慧的结晶。《易经》被誉为诸经之首。其内容涉及政治、经济、生活、律法、文学、医学、艺术、教育、数学、科学等诸多领域。共六十四卦和三百八十四爻。

7.17 子所雅言,《诗》、《书》、执礼,皆雅言也。

7.18 叶公问孔子于子路[①],子路不对[②]。子曰:“女奚不曰[③],其为人也,发愤忘食,乐以忘忧[④],不知老之将至云尔。”

【注】 ①叶公:沈诸梁(生卒年不详),字子高,叶姓始祖。因封邑在叶(今河南叶县),故称叶公,今河南叶县南三十里有古叶城。他是中国历史上有文字记载以来的叶地第一任行政长官。 ②对:回答。 ③女:同“汝”。奚:何,语气词,表疑问。 ④发愤忘食,乐以忘忧:系互文。

【释文】 叶公问子路,孔子是个怎样的人,子路没有回答。孔子说:“你为什么不这样说,他的为人就是,学习发愤用功或有得而乐时就忘记吃饭和忧愁,不知道衰老将要到来,等等。”

7.19 子曰:“我非生而知之者,好古[①],敏以求之者也[②]。”

【注】 ①好(hào):喜欢。 ②敏:勤奋敏捷。

【释文】 孔子说:“我并不是天生就知识丰富的人,而是喜好考证,勤奋敏捷地求取知识的人。”

【编者按】

一、朱熹《四书章句集注》："尹氏曰：'孔子以生知之圣，每云好学者，非惟勉人也，盖生而可知者义理尔，若夫礼乐名物，古今事变，亦必待学而后有以验其实也。'"

二、参阅5.27、7.01、16.09。

7.20 子不语怪、力、乱、神①。

【注】 ①怪：怪异之事。力：施暴逞强、以力服人。乱：叛乱，悖乱。神：鬼神。

【释文】 孔子不谈论怪异之事、施暴逞强、叛乱、鬼神。

【编者按】

一、朱熹《四书章句集注》："谢氏曰：'圣人语常而不语怪，语德而不语力，语治而不语乱，语人而不语神。'"

二、思当今社会，存在用"怪、力、乱、神"来吸引人眼球的现象。痛兮！

7.21 子曰："三人行①，必有我师焉。择其善者而从之，其不善者而改之。"

【注】 ①行：共事。

【释文】 孔子说："三人共事，其中必定有人可以作为我的老师。我选取其优点而学习，对共同的缺点则加以改正。"

【编者按】

一、朱熹《四书章句集注》："尹氏曰：'见贤思齐，见不贤而内自省，则善恶皆我之师，进善其有穷乎？'"

二、参阅 4.17。

7.22 子曰："天生德于予，桓魋其如予何？"

7.23 子曰："二三子以我为隐乎？吾无隐乎尔。吾无行而不与二三子者，是丘也。"

7.24 子以四教：文，行，忠，信①。

【注】 ①行：作名词用，行为，实践。信：诚信，守信，信仰。

【释文】 孔子以下面四项教导学生：学文，实践，忠诚，守信。

【编者按】

一、朱熹《四书章句集注》："程子曰：'教人以学文修行而存忠信也。忠信，本也。'"

二、忠信之本，参阅 1.04、1.08、1.13、2.22、5.20、7.20。

7.25 子曰:“圣人[1],吾不得而见之矣;得见君子者[2],斯可矣[3]。”子曰:“善人[4],吾不得而见之矣;得见有恒者,斯可矣。亡而为有[5],虚而为盈[6],约而为泰[7],难乎有恒矣。”

【注】 ①圣人:指无所不通,无所不能,学问、道德都臻于完美的人。儒家认为:尧、舜、禹、汤、文王、武王、周公都是古代的圣贤。②君子:指有道德、有学问的人,才德出众之人。 ③斯:就,顺承连词。 ④善人:指先天资质好但尚未学习的人。 ⑤亡(wú):同“无”。 ⑥盈:充实。 ⑦约:少,指贫穷。泰:富裕。亡而为有,虚而为盈,约而为泰:系近义排比。

【释文】 孔子说:“圣人,我是不能看到了;能够看到君子,这也算可以了。”孔子又说:“善人,我是看不到的了;能看到有一定恒心的人,就算可以了。没有学问、道德,精神空虚,生活穷困却装作样样都很富有,这样的人很难保持恒心。”

【编者按】

一、朱熹《四书章句集注》:“故章末申言有恒之义,其示人入德之门,可谓深切而著明矣。”

二、修身之序:不自欺→恒者→善人→君子→圣贤。

7.26 子钓而不纲[1],弋不射宿[2]。

【注】 ①纲：动词，用大绳系住网，截流般捕鱼。 ②弋(yì)：用系生丝的箭来射鸟(或其他动物)。宿：归巢宿歇的鸟(或其他动物)。

【释文】 孔子只用鱼竿钓鱼，而不用大网截流般捕鱼，用系生丝的箭射鸟打猎，但不射归巢宿歇的动物。

【编者按】

朱熹《四书章句集注》："然尽物取之，出其不意，亦不为也。此可见仁人之本心矣。待物如此，待人可知；小者如此，大者可知。"

7.27 子曰："盖有不知而作之者①，我无是也。多闻，择其善者而从之，多见而识之②，知之次也③。"

【注】 ①盖：可能，大概。知(zhì)：智慧。 ②识(zhì)：通"志"，记。多闻，择其善者而从之，多见而识之：系互文。即"多闻，择其善者而从之；多见，择其善者而识之"。 ③次：《论语》中出现过10次，均当"差一等、次一等"讲。

【释文】 孔子说："大概存在自己没智慧，却写出著作的人，我不是这样的。多听多看，选择好的跟着学并记在心里，这样属于次一等的智慧，即'学而知之'。"

【编者按】

一、朱熹《四书章句集注》："所从不可不择，记则善恶皆当存之，以备参考。”

二、参阅4.17、7.02、7.21、16.09。

7.28 互乡难与言，童子见，门人惑。子曰：“与其进也，不与其退也，唯何甚！人洁己以进，与其洁也，不保其往也。”

7.29 子曰：“仁远乎哉？我欲仁，斯仁至矣。”

7.30 陈司败问：“昭公知礼乎？”孔子曰：“知礼。”孔子退，揖巫马期而进之，曰：“吾闻君子不党，君子亦党乎？君取于吴为同姓，谓之吴孟子。君而知礼，孰不知礼？”巫马期以告。子曰：“丘也幸，苟有过，人必知之。”

7.31 子与人歌而善，必使反之，而后和之。

7.32 子曰：“文[①]，莫吾犹人也[②]。躬行君子，则吾未之有得。”

【注】 ①文：学问，指文献、典籍方面的。 ②莫：表示疑问，大概，差不多。孔子自谦。参阅14.30。

【释文】 孔子说：“就文献、典籍方面的学问来说，我大概同别人差不多吧。躬身力行地去做一个君子，那我还没有做到。”

【编者按】

一、朱熹《四书章句集注》:“而足以见言行之难易缓急,欲人之勉其实也。”

二、参阅 14.29。

7.33 子曰:“若圣与仁,则吾岂敢?抑为之不厌,诲人不倦,则可谓云尔已矣。”公西华曰:“正唯弟子不能学也。”

7.34 子疾病,子路请祷。子曰:“有诸?”子路对曰:“有之。《诔》曰:‘祷尔于上下神祇。’”子曰:“丘之祷久矣。”

7.35 子曰:“奢则不孙①,俭则固②。与其不孙也,宁固。”

【注】 ①奢:奢侈,奢华。孙(xùn):同“逊”,谦逊,恭顺。不孙:不逊,这里指“樾(yuè)礼”,盛气凌人之意。 ②俭:节俭,俭约。固:简陋,这里是寒酸的意思。

【释文】 孔子说:“奢侈豪华就会显得不谦逊、盛气凌人,节俭则会显得寒酸。与其盛气凌人,宁可寒酸(即与其奢侈,宁可俭约)。”

【编者按】

参阅 1.14、3.04。

7.36　子曰："君子坦荡荡①，小人长戚戚②。"

【注】　①坦：平和。荡荡：广阔的样子。　②长：长时间，经常。戚戚：悲伤忧愁的样子。君子坦荡荡，小人长戚戚：系反义对比。

【释文】　孔子说："君子心地平和又广阔，小人却经常悲伤忧愁又烦恼。"

【编者按】

一、朱熹《四书章句集注》："程子曰：'君子循理，故常舒泰；小人役于物，故多忧戚。'程子曰：'君子坦荡荡，心广体胖。'"

二、君子和小人之别，参阅 4.11、4.16、13.23、13.25、14.24、15.20。

7.37　子温而厉，威而不猛，恭而安。

八、泰伯篇

8.01 子曰："泰伯，其可谓至德也已矣！三以天下让，民无得而称焉。"

8.02 子曰："恭而无礼则劳①，慎而无礼则葸②，勇而无礼则乱③，直而无礼则绞④。君子笃于亲⑤，则民兴于仁；故旧不遗⑥，则民不偷⑦。"

【注】 ①劳：疲倦，劳累。 ②葸（xǐ）：拘谨、畏惧的样子。 ③乱：莽撞，作乱。 ④绞：急切。这里指说话尖刻，容易伤人。恭而无礼则劳，慎而无礼则葸，勇而无礼则乱，直而无礼则绞：系近义排比，意在强调"礼"。 ⑤笃：厚待，真诚对待。 ⑥故旧：这里指故交，老朋友。遗：遗忘，放弃。 ⑦偷：淡薄，冷漠。君子笃于亲，则民兴于仁；故旧不遗，则民不偷：系互文。

【释文】 孔子说："一个人恭敬但是如果不知礼，那他经常会劳倦疲乏；谨慎但是如果不知礼，有时便会胆怯；勇猛但是如果不知礼，经常会莽撞作乱；心直口快但是如果不知礼，有时便会尖利刻薄。君子能用深厚的感情对待自己的亲族，不遗忘他的老朋友，那么在民众中就会兴起仁德的风气，民众的人情就不会淡薄了。”

【编者按】

一、朱熹《四书章句集注》：“无礼则无节文，故有四者之弊。”

二、参阅 3.13。

8.03 曾子有疾，召门弟子曰：“启予足！启予手！《诗》云：‘战战兢兢，如临深渊，如履薄冰。’而今而后，吾知免夫！小子！”

8.04 曾子有疾，孟敬子问之。曾子言曰：“鸟之将死，其鸣也哀；人之将死，其言也善。君子所贵乎道者三：动容貌，斯远暴慢矣；正颜色，斯近信矣；出辞气，斯远鄙倍矣。笾豆之事，则有司存。”

8.05 曾子曰：“以能问于不能，以多问于寡；有若无，实若虚，犯而不校，昔者吾友尝从事于斯矣。”

8.06 曾子曰：“可以托六尺之孤①，可以寄百里之命②，临大节而不可夺也③。君子人与？君子人也。”

【注】 ①托：临终托付。六尺之孤：古人以七尺指成年，六尺指十五岁以下孩童。这里指代君王遗孤。 ②寄：寄托，委托。百

里：指方圆百里的诸侯国。可以托六尺之孤，可以寄百里之命：系对偶。“六尺之孤”“百里之命”近义。 ③大节：指国家存亡的紧要关头。夺：夺取。

【释文】 曾子说：“临终时可以把幼小的君王遗孤托付给他；可以将国家的命脉寄托于他；在国家存亡的紧要关头，任何事也不能夺取他的爱国大节。这样的人是真君子吗？这样的人是真君子啊。”

【编者按】

一、虽无“爱国”二字，但气节凸显。

二、参阅15.08、18.02。

8.07 曾子曰：“士不可以不弘毅①，任重而道远②。仁以为己任③，不亦重乎？死而后已④，不亦远乎？”

【注】 ①弘：志向远大。毅：意志坚强。 ②重：分量重，重要。道：路。 ③仁：行仁，施仁。 ④已：停止。死而后已：死了以后才停止。形容为完成任务而奋斗终生。

【释文】 曾子说：“有志之士不可以不志向远大而意志坚强，因为他肩负的责任重大且路途遥远。把实现仁德作为自己的任务，责任难道不重大吗？为之奋斗终生，至死才停止下来，弘道之路难道不遥远吗？”

【编者按】

朱熹《四书章句集注》："程子曰：'弘而不毅，则无规矩而难立；毅而不弘，则隘陋而无以居之。'"

8.08　子曰："兴于《诗》，立于礼，成于乐。"

8.09　子曰："民可使由之①，不可使知之②。"

【注】 ①使：使用，命令，指挥。由：随顺，听从。　②不可：不可以，不能够。使知(zhì)之：即"使之知"。

【释文】 孔子说："如果民众能够服从指令，那么就可以安排他们去做；如果民众不服从指令，那么就要先启发他们的智慧。"

【编者按】

一、此章的关键在于正确句读：民可使/由之，不可使/知之。"不可使"前面省略了主语"民"。这样理解才符合《论语》的思想。

二、有"愚民"和"民愚"两种解释之争，其实都是曲解。理由如下：其一，无论按"愚民"还是"民愚"解释，"民可使由之"中的"使由"二字均可去其一；其二，《论语》中不存在"愚民"思想，反之，多角度反复提"学"和"知"，即"启智"之意。

三、参阅 2.20、19.12。

8.10　子曰："好勇疾贫①，乱也②。人而不仁，疾之已甚③，乱也。"

【注】 ①好(hào):喜欢。疾:恨,憎恨。 ②乱:作乱,叛乱。③已:太。甚:超过。已甚:太过分。

【释文】 孔子说:“喜欢勇敢逞强却憎恨贫穷,这种人是要作乱的。有的人没有仁德,而大众对他憎恨得太过分,使他无地自容,那就是逼他作乱。”

【编者按】

一、朱熹《四书章句集注》:“好勇而不安分,则必作乱。恶不仁之人而使之无所容,则必致乱。二者之心,善恶虽殊,然其生乱则一也。”

二、“人而不仁,疾之已甚,乱也。”须引以为戒,尤其当今之信息社会。

三、参阅 4.15、10.10、12.02、15.23、19.03。

四、参阅《老子》第 3 章。

8.11 子曰:“如有周公之才之美①,使骄且吝②,其余不足观也已。”

【注】 ①使:假使,表示转折。美:端庄的礼仪。 ②吝:吝啬。

【释文】 孔子说:“假设一个人有周公那样的技艺、端庄的礼仪,但为人骄傲且吝啬的话,那其他方面也就不值一提了。”

【编者按】

一、朱熹《四书章句集注》:“盖有周公之德,则自无骄吝。”

二、有德帅之,其貌、艺、智、能方可。切记!

三、参阅1.07、9.06。

8.12　子曰:“三年学,不至于穀,不易得也。”

8.13　子曰:“笃信好学①,守死善道②。危邦不入,乱邦不居③。天下有道则见④,无道则隐⑤。邦有道,贫且贱焉,耻也;邦无道,富且贵焉⑥,耻也。”

【注】 ①笃信:坚守信念。好(hào):喜欢。好学:指“知学”“好学”“乐学”三个层次(参阅6.18)中的第二层次。 ②守死:以死守之,以死捍卫。善道:尚道,善之道。笃信好学,守死善道:可以理解为“笃信、好学、守死善道”。 ③危邦不入,乱邦不居:系互文。 ④见(xiàn):同“现”,这里指出来从政做官。 ⑤有道则见,无道则隐:系反义对比。 ⑥邦有道,贫且贱焉;邦无道,富且贵焉:系反义对比。

【释文】 孔子说:“非常坚定地相信善道(儒家之道),愉快地学习善道,誓死守卫善道。危险或动乱的国家既不进入也不居住。天下清明有道,就出来从政做官,天下黑暗无道,就隐居。国家清明有道,而自己贫穷且卑贱,是可耻的;国家黑暗无道,而自己富有且高贵,也是可耻的。”

【编者按】

一、朱熹《四书章句集注》:“晁氏曰:‘有学有守,而去就之义洁,出处之分明,然后为君子之全德也。’”

二、后四句为前八字“笃信好学,守死善道”之具解。

三、参阅 4.05、6.03、7.11、7.15。

8.14　子曰:“不在其位,不谋其政。”

8.15　子曰:“师挚之始,《关雎》之乱,洋洋乎!盈耳哉。”

8.16　子曰:“狂而不直①,侗而不愿②,悾悾而不信③,吾不知之矣。”

【注】　①狂:狂妄、放荡骄恣的态度。　②侗(tóng):幼稚、无知的样子。愿:谨厚。谨慎老实。　③悾悾(kōng):无能的样子。狂而不直,侗而不愿,悾悾而不信:系近义排比。

【释文】　孔子说:“狂妄而不正直,幼稚而不老实,无能而不守信用,我不知道这些人为什么会这样。”

【编者按】

一、朱熹《四书章句集注》:“有是病必有是德,故马之蹄啮者必善走,其不善者必驯。有是病而无是德,则天下之弃才也。”

二、修己之首乃不自欺。

8.17　子曰："学如不及①，犹恐失之②。"

【注】 ①及：达到。 ②犹：又。

【释文】 孔子说："学习好像不能达到要求，又唯恐会忘记、失去已经学到的。"

【编者按】

一、朱熹《四书章句集注》："程子曰：'……才说姑待明日，便不可也。'"

二、参阅6.10、19.05。

8.18　子曰："巍巍乎！舜、禹之有天下也，而不与焉。"

8.19　子曰："大哉尧之为君也！巍巍乎！唯天为大，唯尧则之。荡荡乎！民无能名焉。巍巍乎！其有成功也；焕乎，其有文章！"

8.20　舜有臣五人而天下治。武王曰："予有乱臣十人。"孔子曰："才难，不其然乎？唐、虞之际，于斯为盛。有妇人焉，九人而已。三分天下有其二，以服事殷。周之德，其可谓至德也已矣。"

8.21　子曰："禹，吾无间然矣①。菲饮食②，而致孝乎鬼神；恶衣服，而致美乎黻冕③；卑宫室，而尽力乎沟洫④。禹，吾无间然矣。"

【注】　①间(jiàn)：间隙。间然：意见。　②菲(fěi)：薄。与后面"恶""卑"同义。　③黻(fú)冕：古代祭祀时的衣帽。　④沟洫(xù)：沟渠，这里指田间水道，以正界线、备旱涝。菲饮食，而致孝乎鬼神；恶衣服，而致美乎黻冕；卑宫室，而尽力乎沟洫：系互文。

【释文】　孔子说："禹，我对他没有意见。他自己吃的、穿的、住的都很差，却把祭品、祭祀的服饰和冠冕、水利沟渠等公家之事都做得很好。禹，我对他没有意见。"

【编者按】

朱熹《四书章句集注》："杨氏曰：'薄于自奉，而所勤者民之事，所致饰者宗庙朝廷之礼，所谓有天下而不与也，夫何间然之有。'"

九、子罕篇

9.01　子罕言利与命与仁①。

【注】 ①罕:罕见,稀少。

【释文】 孔子很少谈论私利、天命和仁。

【编者按】

一、朱熹《四书章句集注》:"程子曰:'计利则害义,命之理微,仁之道大,皆夫子所罕言也。'"

二、"命"乃"天道",不可言;"仁"之关键在"行"。故"罕言"。

9.02　达巷党人曰①:"大哉孔子!博学而无所成名。"子闻之,谓门弟子曰:"吾何执?执御乎?执射乎?吾执御矣。"

【注】 ①达巷:地名。党:五百家为党。

【释文】 有达巷的人说："孔子真是高尚啊！学问广博，可惜没有使他树立名声的专长。"孔子听了这话，对门下弟子说："我干什么好呢？是掌握驾车呢？还是掌握射箭呢？我还是掌握驾车吧！"

【编者按】

一、孔子取御去射，由此可见圣人之仁。

二、参阅 3.07、3.16。

9.03 子曰："麻冕，礼也；今也纯，俭。吾从众。拜下，礼也；今拜乎上，泰也。虽违众，吾从下。"

9.04 子绝四①：毋意②，毋必③，毋固④，毋我⑤。

【注】 ①绝：杜绝。 ②意：通"臆"，主观地揣测。 ③必：绝对肯定。 ④固：固执拘泥。 ⑤我：谋取私利。

【释文】 孔子杜绝了四种毛病：不主观凭空揣测，不武断地判断结果，不固执拘泥，不谋取私利。

【编者按】

朱熹《四书章句集注》："盖意必常在事前，固我常在事后，至于我又生意，则物欲牵引，循环不穷矣。"

9.05　子畏于匡。曰："文王既没，文不在兹乎？天之将丧斯文也，后死者不得与于斯文也。天之未丧斯文也，匡人其如予何？"

9.06　太宰问于子贡曰[①]："夫子圣者与[②]？何其多能也？"子贡曰："固天纵之将圣[③]，又多能也。"子闻之，曰："太宰知我乎！吾少也贱[④]，故多能鄙事[⑤]。君子多乎哉？不多也。"牢曰[⑥]："子云，'吾不试[⑦]，故艺[⑧]'。"

【注】　①太宰：官名。　②夫子：孔子。　③纵：支持。④贱：指家境贫困。　⑤鄙事：指卑贱的事。贱、鄙系孔子自谦之辞。　⑥牢：孔子弟子，姓琴，字子开。　⑦试：任用。　⑧艺：作动词用，学艺，学才能。

【释文】　太宰向子贡问道："孔夫子是圣人吗？为什么他有这么多的才能呢？"子贡说："这本是天道支持他成为圣人，又让他有许多才能。"孔子听了这些话，说："太宰知道我呀！我小时候家里贫困，所以学会了很多卑贱的技艺。君子会有很多技艺吗？不需要很多的。"牢说："孔子说过，'我以前不被国家任用，所以学得了很多技艺'。"

【编者按】

一、"艺"乃"鄙事"。"仁德"乃本，贵也！思今思己。

二、参阅7.06、8.11。

9.07　子曰："吾有知乎哉①？无知也。有鄙夫问于我②，空空如也③，我叩其两端而竭焉④。"

【注】 ①知：名词，知识。　②鄙夫：乡野之人。旧指农、医、工、商之类。　③空空：什么都没有。孔子自谦。　④叩：叩问。两端：指鄙夫所问事之首尾。言终始、本末、上下、精粗，无所不尽。竭：尽。叩其两端而竭焉：指孔子就农夫所问的问题，从首尾两头一步步探索到穷尽处，问题就不解自明了。

【释文】 孔子说："我知识丰富吗？我知识不丰富。比如，有一个乡野之人来问我，我对他提的问题什么也不知道，我从他所提问题的正反、始终、本末等多个角度去竭力探求，而取中庸，这样就能求得解决问题的办法。"

【编者按】

一、朱熹《四书章句集注》："圣人之道，必降而自卑，不如此则人不亲，贤人之言，则引而自高，不如此则道不尊。"

二、此谓"求学、求知、求道"之法也。

三、参阅2.16。

9.08　子曰："凤鸟不至，河不出图，吾已矣夫！"

9.09　子见齐衰者、冕衣裳者与瞽者，见之，虽少必作；过之，必趋。

9.10　颜渊喟然叹曰[①]："仰之弥高[②]，钻之弥坚[③]。瞻之在前，忽焉在后。夫子循循然善诱人[④]，博我以文，约我以礼[⑤]。欲罢不能，既竭吾才，如有所立卓尔[⑥]。虽欲从之，末由也已[⑦]。"

【注】　①喟（kuì）然：叹气的样子。　②弥：更加，越发。　③钻：钻研。坚：坚固，高深。仰之弥高，钻之弥坚：系互文。　④循循然：有步骤地，慢慢地。　⑤博我以文，约我以礼：系互文。　⑥卓尔：高高直立的样子。尔，相当于"然"。　⑦末：无。

【释文】　颜渊感叹地说："我的老师啊，他的学问、道德，我越是努力学习、刻苦钻研，越觉得高大、越觉得深难。刚刚好像还在前面，忽然又在后面了。老师善于有步骤地、慢慢地引导学生，丰富、规范我的文学和礼制。老师教得太好了，以至于我想要停止学习都不可能，我已经竭尽自己的能力，似乎还是有一个高高大大的东西立在我的前面。虽然我想要追随上去，却感觉找不到可循的路径。"

【编者按】

一、朱熹《四书章句集注》："此颜渊深知夫子之道，无穷尽、无方体，而叹之也。"再："程子曰：'到此地位，功夫尤难，直是峻绝，又大段着力不得。'"又："胡氏曰：'……高坚前后，语道体也。仰钻瞻忽，未领其要也。'"

二、参阅《老子》第 14 章、第 21 章。

9.11 子疾病，子路使门人为臣。病间，曰：“久矣哉！由之行诈也，无臣而为有臣。吾谁欺？欺天乎？且予与其死于臣之手也，无宁死于二三子之手乎？且予纵不得大葬，予死于道路乎？”

9.12 子贡曰：“有美玉于斯，韫椟而藏诸？求善贾而沽诸？”子曰：“沽之哉！沽之哉！我待贾者也。”

9.13 子欲居九夷①。或曰：“陋，如之何？”子曰：“君子居之，何陋之有？”

【注】 ①九夷：泛指原始部落聚居的地方。

【释文】 孔子想到原始部落聚居的地方去居住。有人说：“那地方非常落后简陋，那该怎么办呢？”孔子说：“君子居住的地方，怎么会落后简陋呢？”

【编者按】

一、朱熹《四书章句集注》：“东方之夷有九种。欲居之者，亦乘桴浮海之意。”再：“君子所居则化，何陋之有？”

二、居之所，关键在人之内质，非其表其饰也。

三、终生不忘弘道之志。参阅 5.06。

9.14　子曰："吾自卫反鲁，然后乐正，《雅》《颂》各得其所。"

9.15　子曰："出则事公卿，入则事父兄[①]，丧事不敢不勉，不为酒困，何有于我哉？"

【注】 ①事：侍奉。出则事公卿，入则事父兄：互文。

【释文】 孔子说："不管是在外面还是在家里的任何场合，都能替公卿、父兄做好他们交代的事情，丧事不敢不尽力去办好，不被酒所困扰而误事，这些事我做到了哪些呢？"

【编者按】

自谦之语；反思之意。

9.16　子在川上[①]，曰："逝者如斯夫[②]，不舍昼夜[③]。"

【注】 ①川：河流。　②逝者：逝去者。这里指逝去的一切。斯：指河水。夫：语气词。　③舍(shě)：停止。

【释文】 孔子站在河边，说："逝去的一切像河水一样流去，日夜不停。"

【编者按】

一、朱熹《四书章句集注》:"程子曰:'此道体也。'"

二、参阅《老子》第25章、第40章。

9.17 子曰:"吾未见好德如好色者也①。"

【注】 ①好(hào):喜欢,追求。

【释文】 孔子说:"我没有见过追求仁德像追求美貌一般的人。"

【编者按】

朱熹《四书章句集注》:"谢氏曰:'好好色,恶恶臭,诚也。好德如好色,斯诚好德矣,然民鲜能之。'"

9.18 子曰:"譬如为山,未成一篑①,止,吾止也;譬如平地②,虽覆一篑③,进,吾往也④。"

【注】 ①篑(kuì):盛土的筐子。 ②平:用作动词,填平,平整。 ③覆:覆盖。 ④譬如为山,未成一篑,止,吾止也;譬如平地,虽覆一篑,进,吾往也:系反义对比。

【释文】 孔子说:"好比堆土成山,还没有完成,但只差最后一筐土了,哪怕这时候停下来,那是我自己要停下来的。又好比平整土地，虽然还仅仅覆盖一筐土，但如果要继续干下去，那是我自己要继续干的。”

【编者按】

一、朱熹《四书章句集注》：“盖学者自强不息，则积少成多；中道而止，则前功尽弃。其止其往，皆在我而不在人也。”

二、智以统情。

9.19　子曰：“语之而不惰者，其回也与！”

9.20　子谓颜渊[①]，曰：“惜乎！吾见其进也，未见其止也。”

【注】 ①谓：评价，谈到。

【释文】 孔子评价颜渊，说：“可惜啊！我看到他不断地前进，没有看到过他停止。”

【编者按】

有张有弛、动静结合方为正确之道。参阅6.21。

9.21　子曰：“苗而不秀者有矣夫[①]！秀而不实者有矣夫[②]！”

【注】 ①苗：庄稼出苗。秀：庄稼吐穗开花。 ②实：用作动

词，结果实。夫：语气词。

【释文】 孔子说："只长苗而不开花，这样的庄稼应该有吧！开了花而不结果实，这样的庄稼也有吧！"

【编者按】

一、朱熹《四书章句集注》："盖学而不至于成，有如此者，是以君子贵自勉也。"

二、"金玉其外，败絮其中。"思求名利之末，而忘德之本。

三、参阅12.08、14.47。

9.22 子曰："后生可畏，焉知来者之不如今也？四十、五十而无闻焉，斯亦不足畏也已。"

9.23 子曰："法语之言①，能无从乎？改之为贵。巽与之言②，能无说乎③？绎之为贵④。说而不绎，从而不改⑤，吾末如之何也已矣⑥。"

【注】 ①法：遵循天道。 ②巽(xùn)：恭顺谦敬。 ③说：同"悦"。高兴。 ④绎(yì)：指抽出事物的条理，加以分析鉴别。法语之言，能无从乎？改之为贵。巽与之言，能无说乎？绎之为贵：系对偶。 ⑤说而不绎，从而不改：系互文。 ⑥末：无。

【释文】 孔子说："遵循天道的话，能不觉得有道理吗？但只有改正错误才是可贵的。恭顺赞许的话，听了能不高兴吗？但只有能够分析、鉴别才是可贵的。只顾听着高兴、觉得有道理而不加以分析、鉴别，从而不加以改正，我也没有什么办法来教育这种人了。”

【编者按】

朱熹《四书章句集注》：“杨氏曰：‘法言，若孟子论行王政之类是也。巽言，若其论好货好色之类是也。’”

9.24　子曰：“主忠信，毋友不如己者，过则勿惮改。”

9.25　子曰：“三军可夺帅也①，匹夫不可夺志也②。”

【注】　①三军：指军队。古代大的诸侯国有前、中、后三军，每军具体人数随国家、时间而变化。　②匹夫：男子汉，泛指普通百姓。三军可夺帅也，匹夫不可夺志也：系反义对比。

【释文】　孔子说：“一个国家的军队，可以夺取主帅；一个平民百姓，却不可夺取志向。”

【编者按】

一、朱熹《四书章句集注》：“侯氏曰：‘三军之勇在人，匹夫之志在己。故帅可夺而志不可夺，如可夺，则亦不足谓之志矣。’”

二、对比，强调志。三军不可无帅，匹夫不可无志。参阅 2.04、4.04、4.09、5.25、7.06。

9.26 子曰："衣敝缊袍①，与衣狐貉者立②，而不耻者③，其由也与！'不忮不求，何用不臧④？'"子路终身诵之。子曰："是道也⑤，何足以臧？"

【注】 ①衣（yì）：作动词用，穿。敝：破旧。缊（yùn）：乱麻。袍（páo）：袍子，衣服的一种。 ②狐貉：用狐和貉的皮毛做的裘皮衣服。 ③耻：作动词用，感到耻辱、羞愧。 ④不忮不求，何用不臧：见《诗经·卫风·雄雉》。忮（zhì）：嫉妒，嫉恨。臧（zāng）：善，美好。 ⑤是：这，这样。道：求道。

【释文】 孔子说："穿着破旧的乱麻袍子，与穿着狐貉裘皮衣服的人站在一起，而不觉得羞耻，能够这样的大概只有仲由了吧！《诗经》中说：'不嫉妒，不贪求，怎么可能不善呢？'（以表扬子路）"子路听了，一辈子都念诵着这句话。孔子又说："这样（仅说不做地）求道，凭什么会更好、更善呢（以劝行）？"

【编者按】

一、朱熹《四书章句集注》："谢氏曰：'耻恶衣恶食，学者之大病。善心不存，盖由于此。'"参阅 4.09。

二、忌"只说不做"。

9.27 子曰："岁寒①，然后知松柏之后凋也②。"

【注】 ①岁：年。岁寒：年末寒冷的季节。 ②凋：凋零。

【释文】 孔子说："每年到了岁末寒冷的季节，才知道松柏的叶子是最后凋零的。"

【编者按】

朱熹《四书章句集注》："范氏曰：'小人之在治世，或与君子无异。惟临利害、遇事变，然后君子之所守可见也。'谢氏曰：'士穷见节义，世乱识忠臣。欲学者必周于德。'"

9.28　子曰："知者不惑，仁者不忧，勇者不惧。"

9.29　子曰："可与共学①，未可与适道②；可与适道，未可与立③；可与立，未可与权④。"

【注】 ①共：一起。　②适：往，去。道：儒家仁德之道。　③立：立于社会。　④权：本义为秤锤，引申为权衡轻重，随机应变。

【释文】 孔子说："可以和他一同学习的人，未必走相同的求道之路；和他有共同的志向、能走相同的求道之路（的人），未必可以和他一起在社会上立足；可以和他一起在社会上立足（的人），未必可以和他一起权衡轻重、共谋正义之大事。"

【编者按】

一、朱熹《四书章句集注》："杨氏曰：'知为己，则可与共学矣。学足以明善，然后可与适道。信道笃，然后可与立。知时措之宜，然后可与权。'"

二、本章内在逻辑:"共学→共道→共立→共权"层层递进,而又相互区别。

9.30 "唐棣之华,偏其反而。岂不尔思?室是远而。"子曰:"未之思也,夫何远之有?"

十、乡党篇

10.01　孔子于乡党，恂恂如也，似不能言者。

10.02　其在宗庙朝廷，便便，言唯谨尔。

10.03　朝，与下大夫言，侃侃如也；与上大夫言，訚訚如也。君在，踧踖如也，与与如也。

10.04　君召使摈①，色勃如也②，足躩如也③。揖所与立④，左右手⑤。衣前后，襜如也⑥。趋进⑦，翼如也⑧。宾退，必复命曰："宾不顾矣⑨。"

【注】 ①摈（bìn）：通"傧"，意思是受君主指使接待宾客。②勃如：突然变色，指变得庄重。③躩（jué）如：脚步轻快的样子。④所与立：同孔子一起站着的人。⑤左右手：揖左人，则左其手；揖右人，则右其手。⑥襜（chān）如：衣服整齐的样子。⑦趋进：快步轻声向前。一种表示敬意的行为。⑧翼如：鸟儿舒展翅膀的样子。⑨顾：回头看。

【释文】 鲁君召孔子去接待外国使臣、宾客，他的脸色马上就变得庄重矜持，行走时步伐轻快。向同自己站在一起的人作揖，向左、向右拱手作揖。衣裳随之前后摆动，却显得整齐。向前走的时候，步伐好像鸟儿舒展开了翅膀一般轻快。宾客告别了，他一定向君王回报说："客人已经不会回头看了。"

【编者按】

朱熹《四书章句集注》："此一节，记孔子为君摈相之容。"

10.05 入公门①，鞠躬如也②，如不容。立不中门，行不履阈③。过位，色勃如也，足躩如也，其言似不足者。摄齐升堂④，鞠躬如也，屏气似不息者⑤。出，降一等⑥，逞颜色⑦，怡怡如也⑧。没阶⑨，趋进，翼如也。复其位，踧踖如也⑩。

【注】 ①公门：指上朝时所经过的门。 ②鞠躬：此不作"曲身"讲，而是形容谨慎恭敬的样子。 ③履：踩，踏。阈(yù)：即门槛。 ④摄：提起。齐(zī)：衣裳的下摆。 ⑤屏(bǐng)气：憋住气。 ⑥一等：一级台阶。 ⑦逞：舒展。颜色：脸色。 ⑧怡怡：心情舒畅的样子。 ⑨没阶：走完台阶。 ⑩踧(cù)踖(jí)：恭敬而不自然的样子。

【释文】 孔子上朝经过宫廷的大门，显出小心谨慎的样子，好像没有容身之地一样。他不站立在门的正中间，走路时不会踩到门槛。经过国君的座位时，脸色变得庄重起来，脚步也快起来，说话的声音低得像中气不足似的(轻声细语以示敬重)。他提起衣服的下摆走上堂去,显得小心谨慎,憋住气,好像不呼吸一样。出来,走下一级台阶后,脸色才舒展,怡然和乐。走完台阶就快步向前,姿态好像鸟儿舒展翅膀一样。回到自己的位置,又是恭敬而不自然的样子。

【编者按】

朱熹《四书章句集注》:"此一节,记孔子在朝之容。"

10.06　执圭,鞠躬如也,如不胜。上如揖,下如授。勃如战色,足蹜蹜,如有循。享礼,有容色。私觌,愉愉如也。

10.07　君子不以绀緅饰,红紫不以为亵服。当暑,袗絺绤,必表而出之。缁衣羔裘,素衣麑裘,黄衣狐裘。亵裘长,短右袂。必有寝衣,长一身有半。狐貉之厚以居。去丧,无所不佩。非帷裳,必杀之。羔裘玄冠不以吊。吉月,必朝服而朝。

10.08　齐,必有明衣,布。齐必变食,居必迁坐。

10.09　食不厌精①,脍不厌细②。食饐而餲③,鱼馁而肉败④,不食。色恶⑤,不食。臭恶⑥,不食。失饪⑦,不食。不时⑧,不食。割不正⑨,不食。不得其酱⑩,不食。肉虽多,不使胜食气⑪。惟酒无量,不及乱⑫。沽酒市脯不食⑬。

不撤姜食[14]。不多食。祭于公[15],不宿肉[16]。祭肉不出三日[17]。出三日,不食之矣。食不语,寝不言[18]。虽疏食菜羹[19],瓜祭[20],必齐如也[21]。

【注】 ①食:这里指五谷杂粮,即烹饪之前的五谷。区别于烹饪后上桌的食物。 ②脍(kuài):切好的鱼或肉。食不厌精,脍不厌细:系互文。 ③饐(yì):食物腐烂而发臭。餲(ài):食物经久而变味。 ④馁(něi):鱼腐烂。败:肉腐烂。 ⑤色:颜色。 ⑥臭(xiù):气味。 ⑦饪:生熟恰当。 ⑧不时:不到时间,指过早收的食物(包括肉类、五谷、菜蔬等)。 ⑨割:收获。正:"正义"之正,这里是正义、正道、正当的意思。非"方正"之正。 ⑩酱:本义是调料,佐料。这里指放了调料后的味道。 ⑪食气(xì):主食。气,同"饩"。 ⑫乱:指酒醉后神志不清。 ⑬沽、市:都是买的意思。脯(fǔ):肉干。 ⑭姜食:用生姜做的食物。 ⑮祭于公:有国君参加的祭祀典礼,国君主祭,士、大夫助祭。 ⑯宿:过夜,隔夜。 ⑰祭肉:这里指家里祭祀用的肉。出:超出,过了。 ⑱食不语,寝不言:系互文。 ⑲食:食物。 ⑳瓜祭:古代一种祭祀的名称。古代进食之前的简易祭礼,以示不忘本。 ㉑齐:通"斋",斋戒。

【释文】 五谷不嫌舂得精,鱼和肉不嫌加工得细。粮食腐败变味、各种鱼和肉腐臭,不吃。食物颜色太难看,不吃。食物气味特别难闻,不吃。生熟烹调不当,不吃。过早收的食物(包括肉类、五谷、菜蔬等),不吃。不正当的肉类荤菜,不吃。没有放正确的酱醋调料(而味道不正),不吃。席上的肉虽多,但吃的肉不超过主食的量。只有酒不限量,但不能喝到神志昏乱的程度。从市场上买来的酒和肉干(泛指违反礼义之食),不吃。不撤除生姜做的食物。饭菜适量不过饱。参加国家祭祀典礼,从公家分到的祭肉不放过夜(当天就食用)。家里祭祀的肉,一般放置不超过三天。放的时间超过三天,就不吃了。吃饭、睡觉的时候不谈天交流,也不自言自语。即使吃粗米饭、蔬菜汤,也要进行瓜祭这样一种简单的祭祀仪式,而且必定像斋戒祭祀那样恭敬。

【编者按】

一、食不厌精,脍不厌细。“食”应该指收回来待加工的五谷,而不是端上餐桌的食物。这里,孔子想告诫人们既要“重视粮食”又要“珍惜粮食”。像现在的“满汉全席”,就是把“食不厌精,脍不厌细”错误地理解成“餐桌上的食物越精细越好”。现代用机械加工,已经符合精、细之要求。

二、不时。收割过早的食物可能会很嫩,口感可能较好,但是提早收割产量少,收成减少。古代粮食不充足,因而很珍贵。孔子提倡重视粮食、珍惜粮食,所以反对不时。这对现在的人也有一定的借鉴意义。《礼记·王制》:“五谷不时,果实未熟,不粥于市。”

三、割不正。割有宰杀的意思。割不正指通过不正当的方法、方式获得的各种肉食荤菜,而非其他版本所指的厨师切割得不整齐、不方正的食物。《礼记·王制》:“不麛,不卵,不杀胎,不殀夭,不覆巢。”再:“禽兽鱼鳖不中杀,不粥于市。”

四、沽酒市脯。指代不合道义的酒肉或食物,并非字面意思“买的酒肉”。理由有三:

(一)《礼记·王制》:“衣服饮(yìn)食,不粥于市。”这说明“沽酒市脯”不符合周朝礼制。到孔子之时,礼崩乐坏,上述规定已经没有诸侯国执行了。

(二)孔子提“沽酒市脯不食”的用意何在？应该理解为“不符合仁德礼义的酒肉不吃”，再引申，就是告诫后人：有的酒肉不可以吃！

(三)朱熹《四书章句集注》云：“沽、市，皆买也。恐不精洁，或伤人也。”应是误解。我们想象一下，孔子后半生为弘道而周游14年，坎坷奔波于各国，怎么会不吃买的肉和酒呢？再者，难道孔子每次喝酒、吃肉之前都要问问酒肉是怎么来的吗？显然是不可能的。

五、不撤姜食。不撤，就是不撤除，一直摆着，言下之意是晚上也摆着，第二天接着吃。这里用否定来加重语气，引起注意，即要注意这里的言外之意：其一，隔夜的生姜可以吃；其二，一天包括晚上都可以吃生姜；其三，说明有些隔夜菜是可以吃的。俭乃德之根。

六、不食。孔子为什么重复这么多次“不食”？除了上述言外之意，就是强调“我不吃”，千万不要以此攻击孔子，说圣人对饮食太过挑剔。孔子“不食”非嫌弃，而是告诫后人对粮食要慎之又慎。圣人不惜用这样一种“极端的”“自毁形象”的方式告诫后人，切记“千万珍惜粮食、节约粮食，千万好好地做饭做菜而不糟蹋粮食”。

圣人之良苦用心跃然纸上！

10.10　席不正[①]，不坐。

【注】　①席：在地面上铺席子，坐在席子上。这里指筵席。正：正义、公正。不正：不是指位置不正，而是不正当、不正道之意。

【释文】 筵席不正当、不正道，那就不能坐下。

【编者按】

一、思

筵席是如今最常见的人际交往方式之一，然不得不明辨之。《论语》于10.09之后，单列本章再次强调，以告诫后人，故吾辈当慎而诫之。参阅1.14、7.09、10.09。

二、申

筵席不正当，不参加。那不正当的财物、礼物呢？当然要拒绝，不能接受。孔子强调“宁俭”“宁固”。参阅3.04、7.35。

三、再申之

这章不用“不食”而用“不坐”二字，旨在告诫后人，不能为了得到不正当的利益，而请客、送礼。参阅4.15、12.02、15.23。

10.11　乡人饮酒①，杖者出②，斯出矣。乡人傩③，朝服而立于阼阶④。

【注】 ①乡人饮酒：古代一种礼仪，即本乡之人聚会饮酒，旨在敬老尊贤。　②杖者：指拄着拐杖的老年人。　③傩(nuó)：古代一种驱逐疫鬼的仪式，常在空闲的腊月举行。　④阼(zuò)阶：大门前面东边的台阶，主人一般站在东边迎送宾客。

【释文】 在“乡人饮酒”这种场合，等老年人都走出去了，孔子才出去。乡里人举行“傩”这种驱逐疫鬼的仪式时，孔子穿着上朝时才穿的朝服，站在东边的台阶上，作为东家迎接客人。

【编者按】

一、朱熹《四书章句集注》:"此一节,记孔子居乡之事。"

二、方位礼仪。东边之位,意为东道主、东家。大门朝南,东边即左边。

三、参阅《老子》第31章。

10.12 问人于他邦①,再拜而送之②。康子馈药③,拜而受之④。曰:"丘未达⑤,不敢尝⑥。"

【注】 ①问:问候。 ②拜:弯腰拱手作揖。再拜:拜两次。 ③康子:季康子。馈(kuì):馈赠,赠送。 ④拜:作揖感谢。 ⑤达:通晓,懂得,了解。 ⑥尝:品尝。这里指试用,试服。

【释文】 托人问候住在其他诸侯国的朋友时,孔子便向受托者拱手作揖拜谢两次后送行。季康子赠送药给孔子,孔子拜谢后接受。然后说道:"我对这种药的药性不了解,不敢试服。"

【编者按】

一、朱熹《四书章句集注》:"杨氏曰:'大夫有赐,拜而受之,礼也。未达不敢尝,谨疾也。必告之,直也。'此一节,记孔子与人交之诚意。"

二、毋送人以药。

10.13 厩焚①。子退朝,曰:"伤人乎?"不问马。

【注】 ①厩(jiù):马棚。

【释文】 (孔子家的)马棚失火了。孔子退朝回来,问:"伤到人了吗?"没有问马怎么样了。

【编者按】

一、朱熹《四书章句集注》:"非不爱马,然恐伤人之意多,故未暇问。"

二、此章亦可说明人之贵。当今盛世以人为本,吾辈甚幸。

10.14 君赐食,必正席先尝之;君赐腥,必熟而荐之;君赐生,必畜之。侍食于君,君祭,先饭。疾,君视之,东首,加朝服,拖绅。君命召,不俟驾行矣。入太庙,每事问。

10.15 朋友死,无所归①。曰:"于我殡②。"朋友之馈,虽车马,非祭肉③,不拜。

【注】 ①归:归顺,依托。这里指安葬有关事宜。 ②殡(bìn):停放灵柩和埋葬等事情叫殡。这里泛指与丧葬有关的一切事务。 ③祭肉:祭祀用的肉。在古代,祭祀后要将祭肉分送给相关的人。

【释文】 朋友死了,没有人负责收殓、出殡。孔子说:"由我来料理丧事吧。"对于朋友(指同辈、同级之友)的馈赠,即使能拉车的好马等贵重礼物，只要不是用于祭祀的肉，孔子在接受赠品时都不行拜谢礼。

【编者按】

一、朱熹《四书章句集注》："朋友以义合，死无所归，不得不殡。"再："朋友有通财之义，故虽车马之重不拜。祭肉则拜者，敬其祖考，同于己亲也。此一节，记孔子交朋友之义。"

二、拜与不拜，有德者其言行皆合乎礼。参阅 2.24、10.12。

三、孔子朋友众多，交友的标准就是忠、信。参阅 14.46。

10.16　寝不尸①，居不容②。见齐衰者③，虽狎④，必变。见冕者与瞽者⑤，虽亵⑥，必以貌⑦。凶服者式之⑧。式负版者⑨。有盛馔⑩，必变色而作⑪。迅雷风烈⑫，必变⑬。升车⑭，必正立执绥⑮。车中，不内顾⑯，不疾言⑰，不亲指⑱。

【注】 ①尸：指塑像。　②居：家居。容：仪容。寝不尸，居不容：系互文。　③齐衰(zī cuī)：古代丧服。　④狎(xiá)：古文常用汉字之一。可作动词、形容词等，有多重意思。这里指亲近，常见。　⑤冕：戴礼帽。指着盛装。瞽(gǔ)：盲人。　⑥亵：亲近，亲密。　⑦貌：礼貌。　⑧凶服：丧服，素服。式：通"轼"，古代车前横木。用作动词，伏轼，意为哀悼、同情或尊重。　⑨负：背着。版：古代用木板刻写的国家图籍，指重要的国家工作人员。　⑩馔：食物，菜肴。　⑪变色：改变神色，意为变得庄重。作：站起来，以示感谢与尊重。　⑫迅雷风烈：形容雷疾风大。　⑬变：改变，也是指神

色。 ⑭升车：登车。 ⑮必：肯定。正立：端正地站好。绥（suí）：上车时拉手用的索带。 ⑯内顾：看车的里面。 ⑰疾言：急促地说话。 ⑱亲指：用手指指点点。

【释文】 孔子睡觉或在家里时不会像塑像一样，并不怎么讲究仪容。孔子看见穿丧服的人，即使关系非常亲密，也一定会改变正常神色为庄重哀悼的样子。看见戴着礼帽、着盛装的人以及盲人，即使是很熟悉的人，也一定表现得很有礼貌。在车上，遇见穿丧服的人，便低头俯伏在车前的横木上表示同情。遇见背负国家图籍的人，也同样俯身在车前的横木上表示敬意。有丰盛的菜肴，一定改变神色而端庄严肃，并且站起来对主人表示尊重和感谢。遇到迅雷和大风时，神色一定变得严肃。孔子上车时，肯定先端正地站好然后拉住车上的带子登车。在车里面，不看车厢的后半部分，不急速说话，不会指指点点。

【编者按】

一、死者为大，盲者为尊，国家为上。

二、由“齐衰”想到的：据《易经》，单阳双阴，九六为至。所以，凡人穿的衣服纽扣一般以五个居多，也有三个或七个；而寿衣一般是四个纽扣，少数为六个。

10.17 色斯举矣，翔而后集。曰：“山梁雌雉，时哉！时哉！”子路共之，三嗅而作。

十一、先进篇

11.01　子曰："先进于礼乐[1]，野人也[2]；后进于礼乐，君子也[3]。如用之，则吾从先进。"

【注】 ①先进于礼乐：指先学习礼乐然后才去做官的人。②野人：乡野平民，朴野粗鲁的人。这里指普通百姓。　③君子：此处为特例，特指卿大夫等当权的贵族。他们享有特权，往往世袭为官，可以先做官然后再学习礼乐。孔子讥之。先进于礼乐，野人也；后进于礼乐，君子也：系反义对比。

【释文】 孔子说："先学习礼乐而后做官的，是没有世袭的普通百姓；先做了官而后学习礼乐的，是卿大夫的子弟。如果让我来选用他们，那么我选用先学习礼乐的普通百姓。"

【编者按】

一、称"后进"为"君子"，孔子之讥也。

二、人以德为重，以身份背景为辅。

11.02　子曰："从我于陈、蔡者，皆不及门也。"德行：颜渊，闵子骞，冉伯牛，仲弓。言语：宰我，子贡。政事：冉有，季路。文学：子游，子夏。

11.03　子曰："回也，非助我者也，于吾言无所不说。"

11.04　子曰："孝哉闵子骞！人不间于其父母昆弟之言。"

11.05　南容三复白圭，孔子以其兄之子妻之。

11.06　季康子问："弟子孰为好学？"孔子对曰："有颜回者好学，不幸短命死矣，今也则亡。"

11.07　颜渊死，颜路请子之车以为之椁。子曰："才不才，亦各言其子也。鲤也死，有棺而无椁。吾不徒行以为之椁。以吾从大夫之后，不可徒行也。"

11.08　颜渊死。子曰："噫！天丧予！天丧予！"

11.09　颜渊死，子哭之恸。从者曰："子恸矣！"曰："有恸乎？非夫人之为恸而谁为？"

11.10　颜渊死，门人欲厚葬之，子曰："不可。"门人厚葬之。子曰："回也视予犹父也，予不得视犹子也。非我也，夫二三子也！"

11.11　季路问事鬼神[①]。子曰："未能事人，焉能事鬼[②]？"曰："敢问死[③]。"曰："未知生，焉知死？"

【注】 ①事：侍奉。　②焉：代词，表示疑问。　③敢：冒昧之词，用于表敬。

【释文】 季路问怎样侍奉鬼神。孔子说："还不能侍奉好活着的人，怎么就考虑侍奉鬼呢？"季路又说："我大胆请问，死是怎么回事？"孔子说："还没搞清楚'生'是怎么回事，哪里能知道'死'呢？"

【编者按】

孔子待鬼神，参阅1.09、2.05、2.24、3.12、6.20、19.01。

11.12　闵子侍侧，訚訚如也；子路，行行如也；冉有、子贡，侃侃如也。子乐。"若由也，不得其死然。"

11.13　鲁人为长府。闵子骞曰："仍旧贯，如之何？何必改作？"子曰："夫人不言，言必有中。"

11.14　子曰："由之瑟奚为于丘之门？"门人不敬子路。子曰："由也升堂矣，未入于室也。"

11.15　子贡问[①]："师与商也孰贤[②]？"子曰："师也过，商也不及。"曰："然则师愈与[③]？"子曰："过犹不及[④]。"

【注】 ①子贡:端木赐,字子贡。 ②师:颛孙师,复姓颛孙,名师,字子张。商:卜商,姓卜名商,字子夏。 ③愈:超过,胜过。④犹:犹如,一样。

【释文】 子贡问道:“颛孙师(即子张)与卜商(即子夏)谁更贤德、更优秀?”孔子说:“颛孙师有些过,卜商有些达不到。”子贡说:“这么说来,颛孙师更强一些吗?”孔子说:“过分与达不到一样,都是不好的。”

【编者按】

一、朱熹《四书章句集注》:“尹氏曰:‘中庸之为德也,其至矣乎!夫过与不及,均也。差之毫厘,缪以千里。故圣人之教,抑其过,引其不及,归于中道而已。’”

二、参阅2.16、6.27。

11.16 季氏富于周公①,而求也为之聚敛而附益之②。子曰:“非吾徒也。小子鸣鼓而攻之③,可也。”

【注】 ①周公:周公旦。姓姬名旦,亦称叔旦。西周杰出的政治家、军事家、思想家、教育家,周文王姬昌第四子,周武王姬发的弟弟。采邑在周,故称周公。 ②聚敛:指通过加重赋税来积聚和收集钱财,即搜刮。附,益:都表示增加。 ③小子:弟子,年轻人,是长辈对晚辈的称呼。鸣鼓:敲着鼓,意思就是大张旗鼓。攻:攻击,指责,批评。

【释文】 季孙氏作为诸侯之卿已经比周公这个王室至亲还富有，可是冉求还为他增加赋税搜刮民众，以增加他的财富。孔子说："冉求不是我的学生。你们这些学生大张旗鼓地去攻击他，是完全可以的。"

【编者按】

一、我们要做金钱的主人，不要做金钱的奴隶。参阅12.09。

二、《大学》："是故言悖而出者，亦悖而入；货悖而入者，亦悖而出。"

11.17　柴也愚，参也鲁，师也辟，由也喭。

11.18　子曰："回也其庶乎[1]，屡空[2]。赐不受命，而货殖焉[3]，亿则屡中[4]。"

【注】 ①庶：差不多，指接近道。　②屡(lǚ)空：盛食物的器皿常常空着，即经常处于贫困之中。　③赐：姓端木，名赐，字子贡。货殖：经营商业。　④亿：通"臆"，猜测，料事。中(zhòng)：猜中，料中。

【释文】 孔子说："颜回呀，他的道德修养接近道了，可是他贫困，家里器皿也经常是空的。端木赐没有当官从政，而去经商做买卖，经常猜中市场行情。"

【编者按】

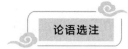

朱熹《四书章句集注》:"程子曰:'子贡之货殖,非若后人之丰财,但此心未忘耳。然此亦子贡少时事,至闻性与天道,则不为此矣。'"

11.19　子张问善人之道①。子曰:"不践迹②,亦不入于室③。"

【注】 ①善人:先天资质好但尚未学习的人。　②践迹:循迹守辙。踩着前人的痕迹走,即沿着老路走。　③入于室:迈入学术之室。比喻学问和修养达到精深的地步。

【释文】 子张问善人是怎样的。孔子说:"不踩着前人的脚印和道路,(学问、道德)也未能达到'入室'的境界(只达'升堂'之境界,就是还没有学到家)。"

【编者按】

一、朱熹《四书章句集注》:"张子曰:'善人,欲仁而未志于学者也。欲仁,故虽不践成法,亦不蹈于恶,有诸己也。由不学,故无自而入圣人之室也。'"

二、善人,参阅 11.14,即"升堂矣,未入于室也"。亦谓"知其然而不知其所以然",参阅 13.29、20.01。

三、参阅《老子》第 8 章。

11.20　子曰："论笃是与，君子者乎？色庄者乎？"

11.21　子路问①："闻斯行诸②？"子曰："有父兄在，如之何其闻斯行之？"冉有问："闻斯行诸？"子曰："闻斯行之。"公西华曰："由也问闻斯行诸，子曰'有父兄在'；求也问闻斯行诸，子曰'闻斯行之'。赤也惑，敢问。"子曰："求也退③，故进之；由也兼人④，故退之。"

【注】　①子路：仲由。　②斯：这件事。　③退：性格懦弱，遇事退缩不前。　④兼人：兼有二人之力，指好勇过人。

【释文】　子路问："一听到这件事就行动起来去做吗？"孔子说："父亲和兄长都在，先听听他们的意见，怎么能听到就行动呢？"冉有问："一听到这件事就行动起来去做吗？"孔子说："对，一听到就行动。"公西华说："仲由问'一听到这件事就行动起来去做吗？'您说'父亲和兄长都在，先听听他们的意见，怎么能一听到就行动呢'；冉求问'一听到这件事就行动起来去做吗'，您说'对，一听到就行动'。我有些困惑不解（相同的问题，不同的答案），斗胆想问问老师这是怎么回事。"孔子说："冉求平日做事退缩，所以我激励他；仲由好勇过人，所以我要劝劝他。"

【编者按】

一、朱熹《四书章句集注》："圣人一进之，一退之，所以约之于义理之中，而使之无过不及之患也。"

二、因材施教之典范也。

11.22　子畏于匡，颜渊后。子曰："吾以女为死矣。"曰："子在，回何敢死！"

11.23　季子然问："仲由、冉求可谓大臣与？"子曰："吾以子为异之问，曾由与求之问。所谓大臣者：以道事君，不可则止。今由与求也，可谓具臣矣。"曰："然则从之者与？"子曰："弑父与君，亦不从也。"

11.24　子路使子羔为费宰①。子曰："贼夫人之子②。"子路曰："有民人焉③，有社稷焉④。何必读书，然后为学？"子曰："是故恶夫佞者⑤。"

【注】　①子羔：高柴，字子羔（高），齐国人。春秋时期思想家，孔门七十二贤之一。历任鲁国费县宰、郕县宰、武城县宰和卫国的士师，是孔子门徒中从政当官最多次、最长久、最公正廉明、最得民心的人，也是孔门中最长寿、最大智若愚的贤孝之才。其创办的"高柴书院"影响很大，享年128岁。著作《子羔》。费（bì）：地名，季氏的封地。宰：长官，古代官名。　②贼：害。夫（fú）：助词。③民：这里指劳动者。人：泛指大众。　④社稷：土地神和五谷神的总称，"社"为土地神，"稷"为五谷神。"社稷"也常常被用来代指国家或朝廷，　⑤恶（wù）：憎恶。夫：助词。

【释文】　子路欲叫子羔去做费地的长官。（子羔没有完成学业就去做官，孔子认为这是误人子弟的行为。）孔子说："这是祸害别人子弟的做法。"子路说："有劳动者和大众，有土地神和五谷神

（在管理百姓、事神祭祀等实践中可以学），难道一定要在学堂读书才算学习吗？”孔子说：“正是这个原因，所以我讨厌那些只会巧言而不会做事的佞者。”

【编者按】

一、朱熹《四书章句集注》：“子路乃欲使子羔以政为学，失先后本末之序矣。不知其过而以口给御人，故夫子恶其佞也。”

二、学习不可偏废，既在学校里学，又在实践中学。参阅 19.13。

三、子路曰：“有民人焉，有社稷焉。何必读书，然后为学？”有人断章取义，将“何必读书，然后为学”用来佐证“读书无用论”。

11.25　子路、曾皙、冉有、公西华侍坐。子曰：“以吾一日长乎尔，毋吾以也。居则曰：‘不吾知也！’如或知尔，则何以哉？”子路率尔而对曰：“千乘之国，摄乎大国之间，加之以师旅，因之以饥馑，由也为之，比及三年，可使有勇，且知方也。”夫子哂之。“求！尔何如？”对曰：“方六七十，如五六十，求也为之，比及三年，可使足民。如其礼乐，以俟君子。”“赤！尔何如？”对曰：“非曰能之，愿学焉。宗庙之事，如会同，端章甫，愿为小相焉。”“点，尔何如？”鼓瑟希，铿尔，舍瑟而作。对曰：“异乎三子者之撰。”子曰：“何伤乎？亦各言其志也。”曰：“暮春者，春服既成。冠者五六人，童子六七人，浴乎沂，风乎舞雩，咏而归。”夫子喟然叹曰：“吾与点也！”三子者出，曾皙后。

曾皙曰:“夫三子者之言何如?”子曰:“亦各言其志也已矣。”曰:“夫子何哂由也?”曰:“为国以礼,其言不让,是故哂之。”“唯求则非邦也与?”“安见方六七十如五六十而非邦也者?”“唯赤则非邦也与?”“宗庙会同,非诸侯而何? 赤也为之小,孰能为之大?”

十二、颜渊篇

12.01 颜渊问仁①。子曰："克己复礼为仁②。一日克己复礼③，天下归仁焉④。为仁由己，而由人乎哉？"颜渊曰："请问其目⑤。"子曰："非礼勿视，非礼勿听，非礼勿言，非礼勿动⑥。"颜渊曰："回虽不敏，请事斯语矣⑦。"

【注】 ①颜渊：颜氏，名回，字子渊，亦称颜渊。颜回生活清苦而能安贫乐道，终生未仕而好学不倦。他一生追随孔子，天资聪颖，对孔子学说身体力行，多次受到孔子的称赞。可惜早逝。②克己：克制、战胜自己的私欲。复礼：归于礼。使自己的行为归到礼的方面去，即合于礼。 ③一日：有一天，某一天。"克己复礼为仁"指个人，"一日克己复礼"前面省略了主语"天下"，二者有因果关系。 ④归：回到，归附。 ⑤目：条目。 ⑥非礼勿视，非礼勿听，非礼勿言，非礼勿动：系近义排比，强调礼。 ⑦事：从事，实行。斯：这。

【释文】 颜渊问孔子什么是仁。孔子说："战胜自己的私欲，使自己的言语和行动都合乎礼仪、礼制,这就是仁。有一天大家都这样做了,那么整个天下就会回到仁德社会。实行仁德要靠自己,难道是靠别人吗?”颜渊说:“请问实行仁德的具体条目。”孔子说:“不合礼的不看、不听、不说、不做。”颜渊说:“我颜回虽然迟钝,不聪敏,但请允许我做事时按照这些话去做。”

【编者按】

朱熹《四书章句集注》:“归,犹与也。又言一日克己复礼,则天下之人皆与其仁,极言其效之甚速而至大也。”再:“愚按:此章问答,乃传授心法切要之言,非至明不能察其几,非至健不能致其决。故惟颜子得闻之,而凡学者亦不可以不勉也。”

12.02　仲弓问仁①。子曰:“出门如见大宾②,使民如承大祭③。己所不欲,勿施于人。在邦无怨④,在家无怨⑤。”仲弓曰:“雍虽不敏,请事斯语矣。”

【注】　①仲弓:即冉雍,姓冉名雍,字仲弓。　②大宾:贵宾。③大祭:盛大的祭祀。出门如见大宾,使民如承大祭:系互文。④在邦:指在诸侯统治的国家任职。　⑤家:古代指共一个祠堂的大家族。与“邦”对应。在邦无怨,在家无怨:系对偶。

【释文】　仲弓问孔子什么是仁。孔子说:“走出家门的仪容和安排老百姓干活,都要好像去见贵宾那样端庄,好像去承担重大祭典般庄重。自己所不想要的事物,就不要强加给别人。不管在诸侯国、朝廷(在官场)还是在共一个祠堂的大家族(在民间)里做事,都没有抱怨。”仲弓说：“我冉雍虽然迟钝、不聪敏，但请允许我做事时按照这些话去做。”

【编者按】

朱熹《四书章句集注》：“愚按：克己复礼，乾道也；主敬行恕，坤道也。颜、冉之学，其高下浅深，于此可见。然学者诚能从事于敬恕之间而有得焉，亦将无己之可克矣。”（注：此处颜指 12.01 的内容）

12.03　司马牛问仁①。子曰：“仁者其言也讱②。”曰：“其言也讱，斯谓之仁已乎?”子曰：“为之难，言之得无讱乎?”

【注】　①司马牛：司马耕，名犁，子姓，向氏，字子牛，孔门七十二贤之一。　②讱（rèn）：说话谨慎迟钝，不容易出口。

【释文】　司马牛问什么是仁。孔子说：“有仁德的人，他的言语显得谨慎迟钝。”司马牛说：“言语谨慎，这就可以称作仁了吗?”孔子说：“知道做到之难，说话能不谨慎吗?”

【编者按】

一、朱熹《四书章句集注》：“愚谓牛之为人如此，若不告之以其病之所切，而泛以为仁之大概语之，则以彼之躁，必不能深思以去其病，而终无自以入德矣，故其告之如此。盖圣人之言，虽有高下大小之不同，然其切于学者之身，而皆为入德之要，则又初不异也。

读者其致思焉。”

二、行，参阅2.13、2.18、7.32、14.29。

12.04 司马牛问君子。子曰：“君子不忧不惧。”曰：“不忧不惧，斯谓之君子已乎？”子曰：“内省不疚①，夫何忧何惧②？”

【注】 ①省(xǐng)：检查，反省。疚(jiù)：内心痛苦，惭愧。②夫：句首发语词。

【释文】 司马牛问君子是怎样的。孔子说：“君子不忧愁、不恐惧。”司马牛说：“不忧愁、不恐惧，这样就可以叫君子了吗？”孔子说：“心里经常反省而不内疚，那还有什么可忧愁和恐惧的呢？”

【编者按】

一、朱熹《四书章句集注》：“言由其平日所为无愧于心，故能内省不疚，而自无忧惧，未可遂以为易而忽之也。”

二、“内省不疚”可谓“知者不惑”也。参阅14.30。

12.05 司马牛忧曰：“人皆有兄弟，我独亡①。”子夏曰②：“商闻之矣：死生有命，富贵在天③。君子敬而无失，与人恭而有礼。四海之内，皆兄弟也。君子何患乎无兄弟也？”

【注】 ①亡(wú):同“无”。 ②子夏:姓卜名商,字子夏,晚年丧子失明。 ③死生有命,富贵在天:系互文。

【释文】 司马牛忧愁地说:“别人都有兄弟,唯独我没有。”子夏说:“我曾经听说:‘一个人的死、生、富、贵由天命、天道决定。’君子认真谨慎地做事,不出差错,对人恭敬而有礼貌。因此天下四海范围之内的人,就都是你的兄弟。君子何必担忧没有兄弟呢?”

【编者按】

朱熹《四书章句集注》:“且子夏知此而以哭子丧明,则以蔽于爱而昧于理,是以不能践其言尔。”

12.06 子张问明①。子曰:“浸润之谮②,肤受之愬③,不行焉,可谓明也已矣。浸润之谮,肤受之愬,不行焉,可谓远也已矣。”

【注】 ①明:明察,不被蒙蔽。 ②谮(zèn):诬陷,中伤。浸润之谮:像水浸润物件一样逐渐传播的谗言、诬陷。 ③愬(sù):同“诉”,诬陷,进谗。肤受之愬:像皮肤感受蔓延到全身一样的诬告。浸润之谮,肤受之愬:系互文。

【释文】 子张问怎样才是明察。孔子说:“暗中像水浸润物件一样,像皮肤感受蔓延到全身一样,逐渐传播的谗言、诬告、诽谤,在你这儿都行不通、不起作用,就可以称得上明察了啊!同样,暗中像水浸润物件一样,像皮肤感受蔓延到全身一样,逐渐传播的谗言、诬告，在你这里都行不通、不起作用，就可以说是不被蒙蔽而有远见了啊！”

【编者按】

朱熹《四书章句集注》：“杨氏曰：‘骤而语之，与利害不切于身者，不行焉，有不待明者能之也。故浸润之谮、肤受之愬不行，然后谓之明，而又谓之远。远则明之至也。《书》曰：“视远惟明。”’”

12.07 子贡问政。子曰：“足食，足兵[1]，民信之矣。”子贡曰：“必不得已而去，于斯三者何先？”曰：“去兵。”子贡曰：“必不得已而去，于斯二者何先？”曰：“去食。自古皆有死，民无信不立。”

【注】 ①兵：武器，指军备，并不是指作战的士兵。

【释文】 子贡问怎样治理政事。孔子说：“（治理政事就是做好三件事：）粮食充足，军备充足，民众信任朝廷。”子贡说：“如果迫不得已要去掉其中一项，三项中先去掉哪一项呢？”孔子说：“去掉军备。”子贡说：“如果迫不得已，又要在剩下的两项（足食、民信之）中去掉一项，先去掉哪一项呢？”孔子说：“去掉粮食。自古以来人都难免一死，如果民众不信任政府，那么国家就不能站立，不能强大了。”

【编者按】

一、朱熹《四书章句集注》：“民无食必死，然死者人之所必不免。无信则虽生而无以自立，不若死之为安。故宁死而不失信于民，使民亦宁死而不失信于我也。”

二、兵→食→信。比“兵”更重要的是“食”和“信”，“信”乃根也。

关于信仰。周恩来《抗战军队的政治工作》：“要以耐心说服诱导的精神，争取官兵和人民的信仰，团结他们在革命主义与政纲的领导下而坚决奋斗。”结合中华传统文化，加强基层组织建设尤其重要。

人之信。参阅2.22。

三、联系社会主义核心价值观。参阅12.17、12.19。

四、关于战，参阅13.29、13.30。

12.08　棘子成曰[①]：“君子质而已矣[②]，何以文为[③]？”子贡曰：“惜乎！夫子之说[④]，君子也。驷不及舌[⑤]。文犹质也，质犹文也[⑥]。虎豹之鞟犹犬羊之鞟[⑦]。”

【注】　①棘(jí)子成：卫国大夫。古代将大夫尊称为“夫子”，故子贡以此称之。　②质：质地，内容。这里指人的仁德。　③文：文采，外表，指礼节仪式。　④说：谈论。　⑤驷(sì)不及舌：四匹马拉的车也不及舌头说出的话，即“一言既出，驷马难追”。　⑥文犹质也，质犹文也：系对偶。　⑦鞟(kuò)：去毛后的兽皮。

【释文】　棘子成说：“君子有好本质(好品德)就行啦，要文采(要礼仪)做什么呢？”子贡说：“可惜呀！您这种说法，也称得上君子了。一言既出，驷马难追。文采(礼仪)、本质(品德)二者是同等重要的。去掉毛的虎豹皮就和去掉毛的犬羊皮一样了。”

12.09 哀公问于有若曰①:"年饥②,用不足,如之何?"有若对曰:"盍彻乎③?"曰:"二④,吾犹不足,如之何其彻也?"对曰:"百姓足,君孰与不足⑤?百姓不足,君孰与足?"

【注】 ①哀公:鲁定公之子。 ②年饥:年收成不好而饥荒。③盍(hé):何不。彻:西周时流行于诸侯国的一种田税制度。朱熹《四书章句集注》:"民得其九,公取其一,谓之彻。" ④二:以收获的十分之二作为田税。 ⑤孰与:与谁,同谁。

【释文】 鲁哀公问有若说:"年成歉收,国家备用开销不足,怎么办呢?"有若回答说:"何不实行以收获的十分之一作为田税的制度呢?"哀公说:"以收获的十分之二作为田税,尚且不够用,怎么能实行以收获的十分之一作为田税的制度呢?"有若回答说:"如果百姓用度足,国君您怎么会用度不足呢?如果百姓用度不足,国君您用度怎么会足呢?"

【编者按】

一、朱熹《四书章句集注》:"杨氏曰:'仁政必自经界始。经界正,而后井田均、穀禄平,而军国之需皆量是以为出焉。故一彻而百度举矣,上下宁忧不足乎?'"

二、联系当今,我们要深思:何谓经济?经济建设的过程是怎样的?经济建设的目的是什么?怎样推动物质文明和精神文明协调发展?

三、本章是孔子对经济、财富、田税的表述。当用则用,能省则省。孔子关于财富的论述可参阅1.14、4.05、4.09、4.12、6.03、7.07、7.11、7.15、7.35、8.13、9.01、10.09、10.13、11.16、11.18、12.09、13.08、14.01。

12.10 子张问崇德、辨惑①。子曰:"主忠信②,徙义③,崇德也。爱之欲其生,恶之欲其死。既欲其生,又欲其死,是惑也。'诚不以富,亦祇以异④'。"

【注】 ①崇德:提高道德修养。惑:迷惑,是非。 ②主忠信:以忠厚诚实为主。 ③徙:靠拢,迁移。徙义:向义靠拢。 ④诚不以富,亦祇(zhī)以异:见《诗经·小雅·我行其野》:"我行其野,言采其葍。不思旧姻,求尔新特。成不以富,亦祇以异。"原诗以弃妇的口吻指责前夫:确实不是新妇比我富有,而是你变了心。此处的意思是,这确实对自己没有益处,只是令人奇怪而已。

【释文】 子张向孔子请教怎样去提高道德修养和辨别是非的水平。孔子说:"以忠厚诚实为主,行为总是遵循道义,这就可以提高品德。对同一个人,爱他的时候希望他长期活下去,厌恶他的时候又希望他马上死去。既要他活着,又要他马上死去(这不是矛盾吗?),类似这样的就是迷惑。'这确实对自己没有益处,只是令人奇怪而已。'"

【编者按】

一、朱熹《四书章句集注》:"杨氏曰:'堂堂乎张也,难与并为仁矣。则非诚善补过不蔽于私者,故告之如此。'"

二、辩惑，参阅 12.21。

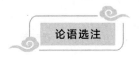

12.11　齐景公问政于孔子①。孔子对曰："君君②，臣臣，父父，子子。"公曰："善哉！信如君不君③，臣不臣，父不父，子不子，虽有粟④，吾得而食诸？"

【注】　①齐景公：春秋时期齐国君主，姜姓，吕氏，名杵臼，齐灵公之子，齐庄公之弟。鲁昭公末年，孔子适齐。　②君君：国君要有当国君的样子。第二个"君"作动词用。后面句式相同。③信：确实。　④粟(sù)：小米。这里指代各种粮食。

【释文】　齐景公向孔子询问怎么治理国家。孔子回答说："国君要像国君，臣子要像臣子，父亲要像父亲，儿子要像儿子。"齐景公说："说得真好哇！确实，国君没有当国君的样子，臣子没有做臣子的样子，父亲没有做父亲的样子，儿子没有做儿子的样子，即使天下有充足的粮食，我能得到并吃到吗？"

【编者按】

一、朱熹《四书章句集注》："杨氏曰：'……景公知善夫子之言，而不知反求其所以然，盖悦而不绎者，齐之所以卒于乱也。'"

二、君臣，参阅 3.19、14.23、15.37、16.01、17.15、19.10。

12.12　子曰："片言可以折狱者，其由也与？"子路无宿诺。

12.13　子曰："听讼①，吾犹人也。必也使无讼乎②！"

【注】　①讼：诉讼，打官司。听讼：听诉讼，就是审理案件。孔子曾为鲁国大司寇，掌管司法、刑狱事务。　②无讼：没有诉讼。

【释文】　孔子说："听诉讼、审理案件，我同别人一样，目标是案件双方都同意我的裁决，没有异议。努力使百姓逐渐没有诉讼案件（意思是大家都能和平相处，和气地解决问题，不用打官司了）！"

【编者按】

一、朱熹《四书章句集注》："故又记孔子之言，以见圣人不以听讼为难，而以使民无讼为贵。"

二、《大学》："子曰：'听讼，吾犹人也。必也使无讼乎！'无情者不得尽其辞。大畏民志，此谓知本。"朱熹理解为解释"本末"。编者认为《大学》用此章解释"格物、知至"。

三、"无讼"包括两层意思：其一，某个案件的双方都没有意见，都认可官方的裁决；其二，通过一段时间的努力工作，使辖区内的老百姓，都友好相处而无讼。

孔子把"无讼"作为"听讼"的最终目标，特别值得大家深思、学习。参阅 19.19。

四、如何达到"无讼"之目的呢？参阅 2.16、6.27、9.07。

12.14　子张问政。子曰："居之无倦①，行之以忠②。"

【注】　①居：坐，指任职。　②行：施行政策。居之无倦，行之以忠：系互文。

【释文】　子张问怎样治理政事。孔子说："居于官位处理政务、施行政策都不懈怠而且要忠诚。"

12.15　子曰："博学于文，约之以礼，亦可以弗畔矣夫。"

12.16　子曰："君子成人之美，不成人之恶。小人反是。"

12.17　季康子问政于孔子。孔子对曰："政者，正也。子帅以正①，孰敢不正？"

【注】　①帅：通"率"，率领，带头。

【释文】　季康子向孔子询问为政方面的事。孔子回答说："'政'即'正'，意思就是正义、正道，您自己带头率先做到正义、正道，谁还敢不正义、不正道？"

【编者按】

一、朱熹《四书章句集注》："故孔子以是告之，欲康子以正自克，而改三家之故。惜乎康子之溺于利欲而不能也。"

二、《论语》中有多章探讨“正”，以此章为代表。参阅 6.27 和《老子》第 57 章、第 58 章。

三、由“正”想到“正气”和书法。书法具有三大特点：以柔克刚谋全局；八面出锋顺势行；正道有力生正气。书画同源而非一体，吾窃视“丑书”“江湖体”之类为画字，差书法甚远，缺乏正气和文化内涵。其内在逻辑应是画字→写字→书法。书法之“正气”犹如人之阳气，力为本，形为末也。看时不练，练时不看，应做到守其正。刚学写字可以先用毛笔，熟练后再用硬笔。参阅 3.25。

12.18　季康子患盗，问于孔子。孔子对曰：“苟子之不欲，虽赏之不窃。”

12.19　季康子问政于孔子曰：“如杀无道，以就有道，何如？”孔子对曰：“子为政，焉用杀①？子欲善而民善矣。君子之德风②，小人之德草③。草上之风④，必偃⑤。”

【注】　①焉：疑问代词，哪里。　②君子：有德之人。　③小人：无德之人。　④上：加。草上之风：草加上风的意思。　⑤偃(yǎn)：倒下。

【释文】　季康子向孔子问为政方面的事，季康子说：“假如杀掉无道之人，以此来亲近有道之士，怎么样？”孔子说：“您治理国家处理政务，怎么可以用杀戮的方法呢？您要是好好治国，百姓也就会好起来。君子的品德如风，小人的品德如草。草上加了风，草一定会随风而倒。”

【编者按】

一、朱熹《四书章句集注》:"尹氏曰:'杀之为言,岂为人上之语哉?以身教者从,以言教者讼,而况于杀乎?'"

二、不可"以暴制暴",切勿"以杀止杀"。对季康子的要求是"欲善"。参阅 2.03。

三、任何时代,都有"德如风"和"德如草"之人。弘德系有道,炫富乃不仁。公众人物应做到品德如风。

四、关于政,参阅 12.07、12.11、12.14、12.17、13.01、13.02、13.16、13.17、20.02。

12.20 子张问:"士何如斯可谓之达矣①?"子曰:"何哉,尔所谓达者?"子张对曰:"在邦必闻②,在家必闻③。"子曰:"是闻也,非达也。夫达也者,质直而好义,察言而观色,虑以下人④。在邦必达,在家必达。夫闻也者,色取仁而行违⑤,居之不疑。在邦必闻,在家必闻。"

【注】 ①达:通达,合于道而事事顺利。 ②邦:诸侯国。闻:闻名,有名声。 ③家:古代共一个祠堂的大家族。与"邦"对应,一个在朝廷(官),一个在乡野(民)。"在邦必闻,在家必闻"与后面的"在邦必达,在家必达"都是对偶。 ④下人:下于人,对人谦逊。 ⑤色:表面,外表。

【释文】 子张问:"士要怎么样,才可称达呢?"孔子说:"你所说的达是什么意思呢?"子张回答说:"在诸侯国、在共一个祠堂的大家族里(在官场、在民间)有一定名声。"孔子说:"这是有名声,不是达。所谓达的人，本质正直而喜爱正道、正义，善于体会、辨析别人的话语，善于观察别人的脸色，时常想到地位低于自己的人而待人谦让。这样的人在诸侯国、在共一个祠堂的大家族里都一定能事事顺利，可称达。有名声的人，表面上要实行仁德而行动上却相反，做事而从来不怀疑自己的错误言行。这就像你说的，所谓在诸侯国、在共一个祠堂的大家族里有一定名声，是虚假名声罢了。”

【编者按】

一、朱熹《四书章句集注》：“程子曰：‘学者须是务实，不要近名。有意近名，大本已失，更学何事？为名而学，则是伪也。今之学者，大抵为名。为名与为利虽清浊不同，然其利心则一也。’”

二、参阅12.02。

12.21 樊迟从游于舞雩之下①，曰：“敢问崇德、修慝②、辨惑。”子曰：“善哉问！先事后得，非崇德与？攻其恶③，无攻人之恶，非修慝与？一朝之忿④，忘其身，以及其亲⑤，非惑与？”

【注】 ①游：闲逛，行走。舞雩(yú)：祭坛所在之地。 ②修：治，指改正。慝(tè)：邪恶。修慝：改恶从善。 ③攻：攻击，批判。④忿(fèn)：愤怒。 ⑤亲：亲人，这里指父母双亲。

【释文】 樊迟跟随孔子在舞雩台下游览，说道：“请问如何提高道德修养、改恶从善、辨别是非。”孔子说：“问得好啊！辛劳在先，个人利益在后，这不就是‘崇德’(提高道德修养)吗？检查批判自己的缺点错误，不去指责别人的缺点，这不就是'修慝'(改恶从善)吗？因为一时气愤，而不顾自身的安危，甚至牵累自己的双亲，这不就是'惑'(不辨是非)吗？"

【编者按】

一、朱熹《四书章句集注》："范氏曰：'先事后得，上义而下利也。人惟有利欲之心，故德不崇。惟不自省己过而知人之过，故慝不修。感物而易动者莫如忿，忘其身以及其亲，惑之甚者也。惑之甚者必起于细微，能辨之于早，则不至于大惑矣。故惩忿所以辨惑也。'"

二、修己之关键也。

三、孝，参阅1.06、1.07、2.05、2.06、2.07、2.08、4.18、4.19、4.21。

四、辨惑，参阅9.23、12.06、12.10。

12.22 樊迟问仁[1]。子曰："爱人。"问知[2]。子曰："知人。"樊迟未达[3]。子曰："举直错诸枉[4]，能使枉者直。"樊迟退，见子夏。曰："乡也吾见于夫子而问知[5]，子曰：'举直错诸枉，能使枉者直。'何谓也？"子夏曰："富哉言乎！舜有天下[6]，选于众，举皋陶[7]，不仁者远矣[8]。汤有天下[9]，选于众，举伊尹[10]，不仁者远矣。"

【注】 ①樊迟：即樊须，字子迟。 ②知(zhì)：同"智"。 ③达：通晓。 ④错：通"措"，安置。举直错诸枉：把正直的人摆在邪恶的人的上面，即选用贤人，罢黜小人。 ⑤乡(xiàng)：同

“向”，过去，刚刚。见(xiàn)于：被接见。⑥舜：传说中父系氏族社会后期部落联盟领袖。舜为东夷族群的代表。舜帝是中华道德文化的鼻祖。《史记》载：“天下明德，皆自虞舜始。”舜文化之魂，在于“德为先，重教化”。舜文化是中华文化三座里程碑之一。⑦皋(gāo)陶(yáo)：舜时的贤臣。偃(yǎn)姓(一说为嬴姓)，皋氏，名繇(yáo)，字庭坚。传说中东夷族的首领，伟大的政治家、思想家、教育家，“上古四圣”(尧、舜、禹、皋陶)之一，被后世尊为“中国司法始祖”，以正直闻名天下。相传，他架构了中国最早的司法制度体系(五刑、五教)，采用独角兽獬豸(zhì)治狱，坚持公正，强调“法治”与“德政”的结合，促进社会和谐，天下大治，形成“皋陶文化”，成为后世儒家和法家思想产生的重要精神渊薮之一。⑧远：远离。⑨汤：商汤，姓子，名履，又称武汤、天乙、成汤，甲骨文称唐、大乙，又称高祖乙。商王朝的建立者。⑩伊尹：商汤时的贤相。姓伊名挚，尹为官名，夏末商初人。商朝名师贤相、政治家、军事家、思想家。

【释文】 樊迟问什么是“仁”。孔子说：“爱人。”樊迟又问什么是“智”。孔子说：“了解人。”樊迟没有理解透彻。孔子说：“把正直的人提拔上来，而且把他们的位置放在不正直的人上面，就能使不正直的人变正直。”樊迟退了出来，见到子夏。樊迟就说：“刚才我去见老师，问他什么是智，他说：‘把正直的人提拔上来，把他们的位置放在不正直的人上面，就能使不正直的人变正直。’这是什么意思？”子夏说道：“这句话含义多么丰富呀！舜有了天下，在众人中选拔人才，就把皋陶提拔了起来，不仁的人就远远地离开了。汤得了天下，也从众人中选拔人才，就把伊尹提拔起来，那些不仁的人就远远地离开了。”

【编者按】

一、朱熹《四书章句集注》:"尹氏曰:'学者之问也,不独欲闻其说,又必欲知其方;不独欲知其方,又必欲为其事。'"再:"既问于师,又辨诸友,当时学者之务实也如是。"

二、樊迟问仁、问知,参阅6.20。

三、关于直,参阅2.19、5.23、6.17、13.18、14.36、15.06、17.24、18.02。

12.23　子贡问友。子曰:"忠告而善道之①,不可则止,毋自辱焉。"

【注】①道:通"导",疏导,开导。

【释文】子贡问与朋友的相处之道。孔子说:"忠心地劝告并善意地开导他,朋友不听从也就罢了,不要自取其辱。"

【编者按】

朱熹《四书章句集注》:"友所以辅仁,故尽其心以告之,善其说以道之。然以义合者也,故不可则止。若以数而见疏,则自辱矣。"

12.24　曾子曰:"君子以文会友,以友辅仁①。"

【注】①辅:辅助。

【释文】 曾子说："君子以学问来结交朋友，以朋友来帮助自己培养仁德。"

【编者按】

一、朱熹《四书章句集注》："讲学以会友，则道益明；取善以辅仁，则德日进。"

二、友，参阅 1.04、1.07、1.08、4.26、5.25、9.23、10.15、12.23、16.04。

十三、子路篇

13.01 子路问政①。子曰："先之②，劳之③。"请益④。曰："无倦。"

【注】 ①子路：姓仲名由，字子路，他生性豪爽，为人耿直，有勇力才艺。 ②先：领先，带头，做表率。之：指老百姓，后面的"之"亦是。 ③劳：与老百姓一起劳动。 ④益：多，增加。

【释文】 子路问为政之道。孔子说："自己先要身体力行带好头，劳动时要亲自参加，和老百姓一起干活。"子路请求再多讲一些。孔子说："不要倦怠。"

【编者按】

一、朱熹《四书章句集注》："苏氏曰：'凡民之行，以身先之，则不令而行。凡民之事，以身劳之，则虽勤不怨。'"

二、参阅12.14。

13.02　仲弓为季氏宰，问政。子曰："先有司[①]，赦小过[②]，举贤才[③]。"曰："焉知贤才而举之？"曰："举尔所知[④]。尔所不知，人其舍诸？"

【注】　①有司：小气，节约。　②赦：赦免。过：失误。③贤才：有贤德的人。　④尔：你。

【释文】　仲弓做了季氏的总管，问怎样管理政事。孔子说："开始要节省开支，原谅他人的小错误，提拔有贤德的人。"仲弓说："怎样知道有贤德的人而提拔他们呢？"孔子说："提拔你所知道的，那些你所不知道的，别人难道会埋没他吗？"

【编者按】

一、朱熹《四书章句集注》："程子曰：'人各亲其亲，然后不独亲其亲。'"

二、参阅1.13、5.01、8.02、20.02。

13.03　子路曰："卫君待子而为政[①]，子将奚先[②]？"子曰："必也正名乎[③]！"子路曰："有是哉，子之迂也[④]！奚其正？"子曰："野哉由也[⑤]！君子于其所不知，盖阙如也[⑥]。名不正，则言不顺；言不顺，则事不成；事不成，则礼乐不兴；礼乐不兴，则刑罚不中[⑦]；刑罚不中，则民无所措手足[⑧]。故君子名之必可言也，言之必可行也。君子于其言，无所苟而已矣[⑨]。"

【注】 ①卫君：出公蒯辄。姬姓卫氏。卫国第29代国君。子：你。②奚：疑问代词，何。③正名：有正道的名分。④迂：迂腐，过时。⑤野：鄙俗，粗野。⑥阙：通“缺”。阙如：缺而不言。⑦中(zhòng)：得当。⑧错：同“措”，放置。⑨苟：随便，马虎。

【释文】 子路说：“卫国国君要您去管理政务治理国家，您打算先从哪些事情做起呢？”孔子说：“必须先给我一个正道的名分。”子路说：“有必要这样做吗？您真是太迂腐了。需要正什么呢？”孔子说：“仲由，你真粗野啊！君子对于他所不知道的事情，总是采取缺而不言、暂且放置的态度。名分不正，说起话来就不顺当、不合理；说话不顺当、不合理，事情就办不成；事情办不成，礼乐也就不能兴盛；礼乐不能兴盛，刑罚的执行就不会得当；刑罚执行不得当，百姓就会惊恐不安而手足失措，不知怎么办好。所以，君子做事的名分必须能够说得出来，名分说出来后一定能够行得通。君子对于自己所说的话，是从来不会马虎对待的。”

【编者按】

一、朱熹《四书章句集注》：“是时出公不父其父而祢其祖，名实紊矣，故孔子以正名为先。”(注：祢，古代对已在宗庙中立牌位的亡父的称谓)

二、本章是孔子对名分的层层分析。参阅14.28。

13.04 樊迟请学稼①，子曰："吾不如老农。"请学为圃②。曰："吾不如老圃。"樊迟出。子曰："小人哉③，樊须也！上好礼④，则民莫敢不敬；上好义，则民莫敢不服；上好信，则民莫敢不用情⑤。夫如是⑥，则四方之民襁负其子而至矣⑦，焉用稼？"

【注】 ①稼：种植庄稼。 ②圃（pǔ）：种植蔬菜。 ③小人：见识浅薄的人。 ④上：居上位的领导者。好（hào）：爱好，尊重。下同。 ⑤用情：体谅、理解。上好礼，则民莫敢不敬；上好义，则民莫敢不服；上好信，则民莫敢不用情：系互文。 ⑥夫（fú）：语气助词。是：这样。 ⑦襁（qiǎng）：背负小孩所用的布兜子。

【释文】 樊迟向孔子请教如何种庄稼，孔子说："我不如老农。"又请教如何种植蔬菜，孔子说："我不如菜农。"（意思是不愿教樊迟这些知识，从另一个角度来说，就是樊迟不应该问这些次要的问题。）樊迟出去了。孔子说："真是个小人啊！樊迟！居于上位的人爱好礼仪、正义、诚信，老百姓既恭敬、服从又体谅。如果能够做到这一点，那么，四方的老百姓就会背负幼子前来归服，何必要自己来种庄稼呢？"

【编者按】

一、"粮食事关国运民生，粮食安全是国家安全的重要基础。"但是，"上"与"农"的分工不同，应做到各司其职。求得温饱后，就要求生态，越接近大自然，就越健康、越环保、越养生。

二、参阅1.14。

13.05 子曰："诵《诗》三百①，授之以政②，不达③；使于四方④，不能专对⑤。虽多，亦奚以为⑥？"

【注】 ①《诗》三百：指《诗经》305首。一般以成数"三百"称之。 ②授：交给。 ③不达：办不好。 ④使(shì)：出使。 ⑤专：独。对：同"对曰"之"对"。专对：独立回答他国国君的提问。 ⑥以：用。

【释文】 孔子说："已经能熟练背诵《诗经》三百首，把政务交给他，他却办不好；出使四方各国，又不能独立应对他国国君的提问。即使《诗经》的诗歌读得很多、很熟，这样的人又有什么用处呢？"

【编者按】

一、朱熹《四书章句集注》："程子曰：'穷经将以致用也。世之诵《诗》者，果能从政而专对乎？然则其所学者，章句之末耳，此学者之大患也。'"

二、学的目的乃"齐家、治国"。

13.06 子曰："其身正，不令而行；其身不正，虽令不从。"

13.07 子曰："鲁、卫之政，兄弟也。"

13.08 子谓卫公子荆①："善居室②。始有，曰：'苟合矣③。'少有，曰：'苟完矣。'富有，曰：'苟美矣。'"

【注】 ①公子荆：卫国大夫，名荆，字南楚。他是卫献公的儿子。 ②善居室：善于治理家政。 ③合：凑合。

【释文】 孔子评价卫国的公子荆："他善于治理家政。有点财物，他便说：'能凑合了。'当稍微多起来的时候，他就说：'将要足够了。'当财物到了多且有余的时候，他就说：'真是太完美了。'"

【编者按】

一、朱熹《四书章句集注》："杨氏曰：'务为全美则累物，而骄吝之心生。公子荆皆曰苟而已，则不以外物为心，其欲易足故也。'"

二、参阅《老子》第 44 章。

三、参阅 1.14、16.05、16.07。

13.09 子适卫[①]，冉有仆[②]。子曰："庶矣哉[③]！"冉有曰："既庶矣，又何加焉？"曰："富之[④]。"曰："既富矣，又何加焉？"曰："教之。"

【注】 ①适：往，到……去。 ②仆：动词，驾驭马车。亦作名词用，指驾车的人。 ③庶：众多。 ④富：作动词用，使……富裕。

【释文】 孔子到卫国去，冉有为他驾马车。孔子说："人口真是众多啊！"冉有说："人口已经如此众多了，接着又该做什么呢？"孔子说："使他们富裕起来。"冉有说："如果已经富裕了，那还要怎么做？"孔子说："教育他们。"

【编者按】

朱熹《四书章句集注》:“富而不教,则近于禽兽。故必立学校、明礼义以教之。”再:“唐太宗大召名儒,增广生员,教亦至矣,然而未知所以教也。三代之教,天子公卿躬行于上,言行政事皆可师法,彼二君者其能然乎?”

13.10　子曰:“苟有用我者,期月而已可也,三年有成。”

13.11　子曰:“善人为邦百年,亦可以胜残去杀矣。诚哉是言也!”

13.12　子曰:“如有王者,必世而后仁。”

13.13　子曰:“苟正其身矣,于从政乎何有?不能正其身,如正人何?”

13.14　冉子退朝。子曰:“何晏也?”对曰:“有政。”子曰:“其事也。如有政,虽不吾以,吾其与闻之。”

13.15　定公问:“一言而可以兴邦,有诸?”孔子对曰:“言不可以若是其几也。人之言曰:‘为君难,为臣不易。’如知为君之难也,不几乎一言而兴邦乎?”曰:“一言而丧邦,有诸?”孔子对曰:“言不可以若是其几也。人之言曰:‘予无乐乎为君,唯其言而莫予违也。’如其善而莫之违也,不亦善乎?如不善而莫之违也,不几乎一言而丧邦乎?”

13.16　叶公问政①。子曰："近者说②，远者来③。"

【注】　①叶公：沈诸梁，字子高，叶姓始祖。春秋时期著名的政治家、军事家、思想家。因封邑在叶（今河南叶县），故称叶公，是中国历史上有文字记载以来的叶地第一任行政长官。　②近：可以理解成国内。说：同"悦"。　③远：可以理解成国外。来：投奔，归附。

【释文】　叶公问怎样治理国家。孔子说："让国内的人快乐满意，使国外的人归附。"

【编者按】

一、朱熹《四书章句集注》："被其泽而悦，闻其风则来。然必近者悦，而后远者来也。"

二、可谓为政之至也！

13.17　子夏为莒父①宰，问政。子曰："无欲速，无见小利②。欲速则不达，见小利则大事不成。"

【注】　①莒（jǔ）父（fǔ）：鲁国的一个城邑。　②见：顾及。

【释文】　子夏做了莒父的地方长官，问怎样处理政务。孔子说："你不要急于求成，不要只顾及眼前小利。图快则达不到目的，贪小利则办不成大事。"

【编者按】

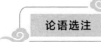

朱熹《四书章句集注》:"欲事之速成,则急遽无序,而反不达。见小者之为利,则所就者小,而所失者大矣。"

13.18　叶公语孔子曰[①]:"吾党有直躬者[②],其父攘羊[③],而子证之[④]。"孔子曰:"吾党之直者异于是。父为子隐[⑤],子为父隐[⑥],直在其中矣。"

【注】　①语(yù):告诉。　②党:指家乡。古代五百家为党。躬:身体。直躬:直身而行者,意思是行为正直的人。　③攘:即偷、窃。有原因而盗曰攘。并非单纯的偷窃。　④证:告发。⑤隐:通"檃"。檃栝,矫正竹木弯曲的工具。　⑥父为子隐,子为父隐:系互文。

【释文】　叶公告诉孔子说:"我们家乡有个行为正直的人,他父亲偷了别人的一只羊,他便正直地出来告发这件事。"孔子说:"我家乡正直的人与这不同。父亲与儿子相互矫正,并自我矫正改过(析其因,改其行,而未告官),正直就在这里面了。"

【编者按】

一、这里"矫正"的两个前提缺一不可:其一,攘(与偷有区别)的是一只羊(或与之价值相当的财物);其二,父子关系。

二、孔子的观点对现在的人有很大的借鉴作用。比如家长、单位负责人、司法工作人员等。

三、到底如何"檃",值得细究。

四、参阅 2.03、12.13、14.07、15.36、19.11。

13.19　樊迟问仁。子曰："居处恭，执事敬，与人忠[①]。虽之夷狄[②]，不可弃也。"

【注】 ①居处恭，执事敬，与人忠：系互文。　②夷狄：常用以泛称除汉族以外的各族，泛指东夷、南蛮、西戎、北狄。

【释文】 樊迟问什么是仁。孔子说："平时生活、做事情、对待他人要端庄恭敬、严肃认真、忠诚可信。就是去边远的少数民族居住的地方，也不能抛弃这些原则。"

【编者按】

一、朱熹《四书章句集注》："胡氏曰：'樊迟问仁者三：此最先，先难次之，爱人其最后乎？'"参阅 6.20、12.22。

二、参阅 7.24、12.10、12.14、15.05。

13.20　子贡问曰[①]："何如斯可谓之士矣[②]？"子曰："行己有耻[③]，使于四方[④]，不辱君命[⑤]，可谓士矣。"曰："敢问其次。"曰："宗族称孝焉，乡党称弟焉[⑥]。"曰："敢问其次。"曰："言必信，行必果[⑦]，硁硁然小人哉[⑧]！抑亦可以为次矣。"曰："今之从政者何如？"子曰："噫！斗筲之人[⑨]，何足算也。"

【注】 ①子贡：姓端木名赐。 ②士：读书人或当官人，依靠学问知识而从政。春秋时期也是一种官名，在大夫之下。 ③行己有耻：提高自己的修养，特别是提高荣辱的意识（因为要代表国家出使周边他国）。 ④使（shì）：出使他国。 ⑤不辱：不辱没，指完美地完成。 ⑥宗族称孝焉，乡党称弟焉：系互文。 ⑦言必信，行必果：系互文。这里带有贬义。 ⑧硁（kēng）硁：象声词，敲击石头的声音。这里引申为像石块那样坚硬。形容不明是非，只顾蛮干。 ⑨斗筲（shāo）之人：筲，竹器，容一斗二升。斗、筲都容量不大，喻指器量狭小的人。

【释文】 子贡问道："怎样才可称得上好的士呢？"孔子说："提高自己的仁德，特别要注意提高对羞耻的感知度（不要被他国暗地嘲笑而不知），出使周边他国不辜负君主的委托，这就可以称作上等士了。"子贡说："请问次一等的士是什么样的？"孔子说："宗族的人、乡里的人都称赞他孝敬又友爱。"子贡说："请问再次等的士是什么样的？"孔子说："说话、做事一定要诚信而且要坚定果断，这虽是耿直固执、不明是非、只顾蛮干的小人，但也可以算第三等的士了。"子贡说："现在那些执政的人怎么样？"孔子说："唉！一群器量狭小的家伙，还算不上这三类。"

【编者按】

一、"言必信，行必果"→"孝弟"→"不辱"，即"个人→集体→国家"之递进。主次分明，爱国之心昭昭。

二、"言必信，行必果"乃再次等之"士"。参阅 1.13。

13.21　子曰："不得中行而与之①，必也狂狷乎②！狂者进取，狷者有所不为也。"

【注】 ①中行：行为合乎中庸。与：相与，交往。　②狂：志存高远而行不掩。狷(juàn)：洁身自好。

【释文】 孔子说："找不到合乎中庸的人而和他们交往，那就一定只跟志存高远、洁身自好的人交往！因为志存高远的人努力进取，洁身自好的人不会去做坏事！"

【编者按】

一、朱熹《四书章句集注》："孟子曰：'孔子岂不欲中道哉？不可必得，故思其次也。'"再："狂者又不可得，欲得不屑不洁之士而与之，是狷也，是又其次也。"

二、狂狷者必有忠信。

三、参阅1.08、6.27、12.23、16.04。

13.22　子曰："南人有言曰：'人而无恒①，不可以作巫医②。'善夫！""不恒其德，或承之羞③。"子曰："不占而已矣④。"

【注】 ①恒：恒心。　②巫医：古代用占卜、祝祷兼用药物为人治病的人。　②不恒其德，或承之羞：人如果不能长期坚持自己的德行，有时就要遭受羞辱。此二句引自《易经·恒卦》："九三，不

恒其德，或承之羞，贞吝。” ③占：占卜。与前面的“巫医”同义。

【释文】 孔子说：“南方人有句话说：‘一个人如果没有恒心，就不可以做巫医治病救人。’这话说得好哇！”“不能长期坚守高尚的德行，有时就要承受羞辱。”孔子又说：“（没有恒德、没有操守的人）不要占卦、做巫医了。”

【编者按】

一、本章意在强调“恒”之重要。“无恒”者，连做“巫医”的资格都没有，做“巫医”的关键在“恒”。用一组算式能非常明确地体现出恒的重要性：$(1+1\%)^{365}\approx 37.8$，$(1-1\%)^{365}\approx 0.03$。

二、《论语》中多次提到《易经》。《易经》《老子》《论语》这三部古籍中所提及的道、德、中医、中药、中餐等是中华民族乃至全人类的宝贵财富，务必传承并推广之。

三、参阅 7.25、10.12。

13.23 子曰：“君子和而不同①，小人同而不和。”

【注】 ①和：无乖戾之心，指和谐，协调。同：有阿比之意，指人云亦云，盲目附和。和与同都表示和睦，区别在于有无“正”节之。本章系反义对比。

【释文】 孔子说：“君子追求与他人、集体、组织和谐相处，符合正义地共处，而不会不讲原则地盲目附和；小人则相反，追求不讲原则地盲目附和，不符合正义地共处，而与他人、集体、组织不和谐相处。”

【编者按】

朱熹《四书章句集注》:“尹氏曰:‘君子尚义,故有不同。小人尚利,安得而和?’”

13.24　子贡问曰:“乡人皆好之①,何如?”子曰:“未可也。”“乡人皆恶之②,何如?”子曰:“未可也。不如乡人之善者好之③,其不善者恶之。”

【注】　①好(hào):喜欢,喜爱。　②恶(wù):厌恶,讨厌。③善者:指有仁德的好人。

【释文】　子贡问道:“附近乡里人都喜欢他,这个人怎么样?”孔子说:“不能判断。”“附近乡里人都厌恶他,这个人怎么样?”孔子说:“不能判断。不如附近乡里有仁德的好人都喜欢他,附近乡里缺德的坏人都厌恶他(这样才能判断一个人好)。”

【编者按】

一、朱熹《四书章句集注》:“一乡之人,宜有公论矣,然其间亦各以类自为好恶也。”

二、明是非、辨善恶。参阅 2.10、4.03、13.23、15.27、17.13、17.14。

13.25　子曰："君子易事而难说也①：说之不以道，不说也；及其使人也，器之②。小人难事而易说也：说之虽不以道，说也；及其使人也，求备焉③。"

【注】　①事：共事。说：通"悦"。　②器：器用，作动词用。器之：按各人的才德适当使用。　③备：完备，完美无缺。本章系反义对比。

【释文】　孔子说："在君子手下做事情很容易，但很难取得他的欢心：去讨他的欢喜却不用正当的方式，他是不会喜欢的；等到他使用人的时候，他能人尽其才，按各人的才德去分配任务。在小人手下做事很难，却很容易讨他的欢心：用不正当的方式去讨好他，他也会很高兴；但在用人的时候，他却百般挑剔、求全责备。"

【编者按】

一、朱熹《四书章句集注》："器之，谓随其材器而使之也。君子之心公而恕，小人之心私而刻。天理人欲之间，每相反而已矣。"

二、参阅17.23。

13.26　子曰："君子泰而不骄，小人骄而不泰。"

13.27　子曰："刚、毅、木、讷，近仁。"

13.28　子路问曰："何如斯可谓之士矣？"子曰："切切偲偲，怡怡如也，可谓士矣。朋友切切偲偲，兄弟怡怡。"

13.29 子曰:"善人教民七年①,亦可以即戎矣②。"

【注】 ①教:教导,训练。朱熹:"教之孝悌忠信之行,务农讲武之法。" ②即:用作动词,表示"就"的意思。戎:军事人员。即戎:参与军事战斗。

【释文】 孔子说:"用擅长军事训练的人,教导、训练百姓七年时间,差不多可以叫他们去作战了。"

【编者按】

一、朱熹《四书章句集注》:"程子曰:'七年云者,圣人度其时可矣。'"

二、深刻领会"教"的内容,即"孝悌忠信之行,务农讲武之法"。

13.30 子曰:"以不教民战①,是谓弃之②。"

【注】 ①教:教导,训练。 ②弃:抛弃,指叫他们去送死。

【释文】 孔子说:"用没有受过专门军事训练的平民去作战,让他们去送死,这就叫作'弃之'(抛弃他们)。"

【编者按】

一、朱熹《四书章句集注》:"言用不教之民以战,必有败亡之祸,是弃其民也。"

二、战,参阅 12.07、13.29。

十四、宪问篇

14.01 宪问耻[①]。子曰："邦有道，榖[②]；邦无道，榖，耻也。"

【注】 ①宪：姓原，名宪，字子思，春秋末年宋国商丘人。孔子弟子，孔门七十二贤之一。唐玄宗开元二十七年(739)封原宪为"原伯"。北宋真宗大中祥符二年(1009)又追封"任城侯"。明嘉靖九年(1530)，改称先贤原子。原宪出身贫寒，个性狷介，一生安贫乐道，不肯与世俗合流。他在孔子为鲁司寇时，曾做过孔子的家宰，孔子给他很多俸禄，他推辞不要。孔子死后，原宪遂隐居卫国草泽中，茅屋瓦牖，粗茶淡饭。 ②榖：俸禄，这里指在官食禄。

【释文】 原宪问什么是耻辱。孔子说："国家政治清明，做官领俸禄(是正常的)；国家政治黑暗，也做官领俸禄，这就是耻辱。"

14.02　“克、伐、怨、欲不行焉[①]，可以为仁矣?”子曰:“可以为难矣，仁则吾不知也。”

【注】　①克:好胜。伐:自夸。

【释文】　原宪又问:“好胜、自夸、怨恨和贪婪这四种毛病都没有，可以称得上仁吗?”孔子说:“能够做到这些可以说已经很难得了，至于是否称得上仁，我就不能断定了。”

【编者按】

一、朱熹《四书章句集注》:“有是四者而能制之，使不得行，可谓难矣。仁则天理浑然，自无四者之累，不行不足以言之也。”

二、参阅12.01、12.02、12.03。

14.03　子曰:“士而怀居[①]，不足以为士矣。”

【注】　①怀居:留恋家乡安逸的生活。怀:思念，留恋。居:居住，坐。这里指代安逸的生活。

【释文】　孔子说:“作为士而留恋家乡安逸的生活，那就不足以称作士了。”

14.04　子曰:“邦有道，危言危行[①];邦无道，危行言孙[②]。”

【注】 ①危：高峻，这里指正直。 ②孙（xùn）：通“逊”，卑顺，指谦虚谨慎。

【释文】 孔子说：“如果国家政治清明有道，那么（一个人）言语正直而且行为也正直；如果国家政治黑暗无道，那么（一个人）行为也要正直，但言语应谦虚谨慎（以避祸）。”

【编者按】

一、朱熹《四书章句集注》：“尹氏曰：‘君子之持身不可变也，至于言则有时而不敢尽，以避祸也。然则为国者使士言孙，岂不殆哉？’”参阅 13.20。

二、参阅 5.01、5.20、8.13、12.19、15.06。

14.05 子曰：“有德者必有言①，有言者不必有德；仁者必有勇②，勇者不必有仁。”

【注】 ①有言：有言辞。这里指能传世的名言或名著。 ②有勇：有勇气。

【释文】 孔子说：“有仁德的人就一定有传世的名言或名著，但有名言或名著的人不一定有仁德。有仁德的人一定勇敢，但勇敢的人不一定有仁德。”

【编者按】

一、朱熹《四书章句集注》：“有德者，和顺积中，英华发外。能言者，或便佞口给而已。仁者，心无私累，见义必为。勇者，或血气之强而已。”

二、参阅2.24。

14.06 南宫适问于孔子曰：“羿善射，奡荡舟，俱不得其死然；禹、稷躬稼，而有天下。”夫子不答。南宫适出，子曰：“君子哉若人！尚德哉若人！”

14.07 子曰：“君子而不仁者有矣夫[1]，未有小人而仁者也。”

【注】 ①夫（fú）：语气词。

【释文】 孔子说：“君子有时候也许做些不仁的小事，这样的君子是有的；但没有小人会是仁者（小人都是没有仁德的）。”

【编者按】

一、朱熹《四书章句集注》：“谢氏曰：‘君子志于仁矣，然毫忽之间，心不在焉，则未免为不仁也。’”

二、参阅15.36、19.11。

14.08 子曰：“爱之，能勿劳乎[1]？忠焉[2]，能勿诲乎[3]？”

【注】 ①劳：劳累，辛劳。 ②忠：忠诚。焉：相当于“于是”，也相当于“于之”，但古代“于”和“之”一般不连用。 ③诲：教导，教诲。

【释文】 孔子说:“爱他,能不让他辛苦劳动吗? 忠于他,能不以天道来教诲他吗?”

【编者按】

一、朱熹《四书章句集注》:“苏氏曰:‘爱而勿劳,禽犊之爱也;忠而勿诲,妇寺之忠也。爱而知劳之,则其为爱也深矣;忠而知诲之,则其为忠也大矣。’”

二、何谓爱? 现在有很多父母,只求孩子学习好,其他皆由家长代劳。以至于孩子不会握筷、不会系鞋带、不会做家务、不会人际交往等,缺乏独立生存能力和抗挫折能力。这不能算爱。那从小该“劳”什么呢? 参阅 19.12。“爱之”,最重要的就是培养孩子的“德”(含心理、言辞、行事三方面)。“德”为帅、为本。有德之人乃有福之人。才艺只是自身素质的一方面,不要看得过重。

三、现在可谓全民过“考”之独木桥。用“考”选拔人才,有着千年的传承。但,家长爱孩子,要考虑孩子的终生幸福,“父母之爱子,则为之计深远”。家长要从小就培养孩子自食其力的意识,培养孩子的独立能力和抗挫折能力。参阅 2.04。

14.09 子曰:“为命①:裨谌草创之②,世叔讨论之③,行人子羽修饰之④,东里子产润色之⑤。”

【注】 ①命:指国家政策、条文,或外交辞令。 ②裨(pí)谌(chén):郑国大夫。草创:起草,拟稿。 ③世叔:子太叔,名游吉。郑国大夫。子产死后,其继任郑国宰相。 ④行人:官名,掌管朝觐聘问事务,即外交事务。子羽:名挥,又称公孙挥,春秋时期郑国

人。他曾担任行人一职，协助子产治理郑国，在子产的支持下参与处理外交事务，其事迹见于《春秋左氏传》等。 ⑤东里：子产所居之地，在今郑州市。

【释文】 孔子说："（郑国）制订政策、外交文件：首先由裨谌起草，接着与世叔讨论而改进，然后外交官子羽进行修改，最后东里子产加以润色而完成。"

【编者按】

一、朱熹《四书章句集注》："是以应对诸侯，鲜有败事。孔子言此，盖善之也。"

二、参阅15.40。

14.10　或问子产。子曰："惠人也。"问子西。曰："彼哉！彼哉！"问管仲。曰："人也。夺伯氏骈邑三百，饭疏食，没齿无怨言。"

14.11　子曰："贫而无怨难，富而无骄易。"

14.12　子曰："孟公绰为赵、魏老则优，不可以为滕、薛大夫。"

14.13　子路问成人[①]。子曰："若臧武仲之知，公绰之不欲，卞庄子之勇，冉求之艺，文之以礼乐，亦可以为成人矣。"曰："今之成人者何必然？见利思义[②]，见危授命[③]，久要不忘平生之言[④]，亦可以为成人矣。"

【注】 ①成人：完美无缺的人。 ②义：正义，道义。 ③授命：可以付出生命。 ④要：贫困的意思。言：这里指志向。

【释文】 子路问怎样才算是完美无缺的人。孔子说："像臧武仲那样有智慧，像孟公绰那样无贪欲，像卞庄子那样勇敢，像冉求那样有才艺，再用礼乐来装饰他，就可以算个完人了。"接着又说："如今的完人何必要这样呢？看到利益能先想到道义，遇到该大义凛然的时候不怕牺牲甚至献出生命，长期贫困也不忘平生之志，也就可以算是完美无缺的人了。"

【编者按】

一、朱熹《四书章句集注》："孟子曰：'惟圣人然后可以践形。'如此方可以称成人之名。"

二、参阅16.10、19.01。

14.14 子问公叔文子于公明贾曰："信乎，夫子不言、不笑、不取乎？"公明贾对曰："以告者过也。夫子时然后言，人不厌其言；乐然后笑，人不厌其笑；义然后取，人不厌其取。"子曰："其然，岂其然乎？"

14.15 子曰："臧武仲以防求为后于鲁，虽曰不要君，吾不信也。"

14.16 子曰："晋文公谲而不正，齐桓公正而不谲。"

14.17 子路曰："桓公杀公子纠，召忽死之，管仲不死。"曰："未仁乎？"子曰："桓公九合诸侯，不以兵车，管仲之力也。如其仁！如其仁！"

14.18 子贡曰："管仲非仁者与？桓公杀公子纠，不能死，又相之[①]。"子曰："管仲相桓公，霸诸侯，一匡天下，民到于今受其赐。微管仲[②]，吾其被发左衽矣[③]。岂若匹夫匹妇之为谅也[④]，自经于沟渎而莫之知也[⑤]。"

【注】 ①相：辅佐。 ②微：缺少，如果没有。用于和既成事实相反的假设句的句首。 ③被：通"披"。衽(rèn)：衣襟。左衽：指衣襟向左开，指边远少数民族的服饰。"被发左衽"是边远少数民族的打扮。 ④匹夫匹妇：指普通的老百姓。谅：无条件地相信，亦为小节小信。《论语》还有两处："友谅""贞而不谅"。 ⑤自经：自缢。渎：田野中的水道。

【释文】 子贡说："管仲不是有仁德的人吧？齐桓公杀了公子纠，他不能死殉，反又去辅佐齐桓公。"孔子说："管仲辅佐齐桓公，称霸诸侯，匡正天下，百姓至今还享受他带来的好处。如果没有管仲，我们大概会披散着长头发、衣襟左开（而成为边远少数民族那样）了。难道他要像普通男女那样拘守小节小信，自杀在山沟、水渠中，而没有人知道吗？"

【编者按】

一、朱熹《四书章句集注》："愚谓管仲有功而无罪，故圣人独称其功。”参阅 3.22。

二、人无完人，大义为尚。参阅 14.20、18.10。

14.19 公叔文子之臣大夫僎，与文子同升诸公。子闻之，曰：“可以为文矣。”

14.20 子言卫灵公之无道也，康子曰[①]：“夫如是，奚而不丧[②]？”孔子曰：“仲叔圉治宾客，祝鮀治宗庙，王孙贾治军旅[③]。夫如是，奚其丧？”

【注】 ①康子：季康子。 ②奚而：为什么。 ③仲叔圉(yǔ)：孔文子，他与祝鮀、王孙贾都是卫国的大夫。

【释文】 孔子谈到卫灵公昏庸无道，季康子说：“既然这样昏庸无道，为什么没有被灭国呢？”孔子说：“他有仲叔圉接待宾客、办理外交事宜，祝鮀管治宗庙祭祀这类的礼仪制度，王孙贾训练、统率军队。有像这样的能臣辅佐，怎么会丧国？”

【编者按】

一、朱熹《四书章句集注》：“尹氏曰：‘卫灵公之无道宜丧也，而能用此三人，犹足以保其国，而况有道之君，能用天下之贤才者乎？’”

二、参阅 3.13。

14.21 子曰：“其言之不怍[①]，则为之也难。”

【注】 ①怍(zuò):惭愧。

【释文】 孔子说:"一个人大言不惭、口无遮拦,那么他实现所说的事就会很难。"

【编者按】

一、朱熹《四书章句集注》:"大言不惭,则无必为之志,而不自度其能否矣。欲践其言,岂不难哉?"

二、参阅14.29。

14.22 陈成子弑简公。孔子沐浴而朝,告于哀公曰:"陈恒弑其君,请讨之。"公曰:"告夫三子。"孔子曰:"以吾从大夫之后,不敢不告也,君曰'告夫三子'者。"之三子告,不可。孔子曰:"以吾从大夫之后,不敢不告也。"

14.23 子路问事君[①]。子曰:"勿欺也,而犯之[②]。"

【注】 ①事:侍奉。 ②犯:冒犯,谓犯颜谏诤。指当面直言规劝。

【释文】 子路问怎样在君主身边做事。孔子说:"最重要的是不要欺骗他,但可以犯颜谏诤。"

【编者按】

朱熹《四书章句集注》:"范氏曰:'犯非子路之所难也,而以不欺为难。故夫子教以先勿欺而后犯也。'"

14.24 子曰:"君子上达①,小人下达②。"

【注】 ①达:通达,畅通。上达:上达于仁义或天道。 ②下达:下达于财利或农工商各业。本章系反义对比。

【释文】 孔子说:"君子向上而通达仁义和天道,小人向下而通达财利。"

【编者按】

一、朱熹《四书章句集注》:"君子循天理,故日进乎高明;小人殉人欲,故日究乎污下。"

二、参阅 4.16、15.33。

14.25 子曰:"古之学者为己①,今之学者为人②。"

【注】 ①为己:为了自己,意同修己、克己,指为了提高自己的道德、学问。 ②为人:为了别人,指炫耀给别人看。本章系反义对比。

【释文】 孔子说:"古代的学者,学习是为了提高自己的道德学问,让自己的品行尽量合乎天道;现在的学者,学习是为了炫耀给别人看而博取名利。"

【编者按】

一、朱熹《四书章句集注》:"程子曰:'古之学者为己,其终至于成物。今之学者为人,其终至于丧己。'"

二、"人不为己,天诛地灭"中"为己"之意同本章之"为己",即"为了提高自己的道德学问"之意。因此,"人不为己,天诛地灭"的确切意思是:"做人不提高自己的道德学问,天、地都要诛灭你。"当今,很多人把"为己"误解成"为了自己的私利"。

三、参阅 14.45、14.47。

14.26　蘧伯玉使人于孔子。孔子与之坐而问焉,曰:"夫子何为?"对曰:"夫子欲寡其过而未能也。"使者出。子曰:"使乎! 使乎!"

14.27　子曰:"不在其位,不谋其政。"

14.28　曾子曰:"君子思不出其位。"

【释文】 曾子说:"君子所思考的事情,不越出他的职位与职权范围。"

【编者按】

此章出自《易经·艮卦》:"兼山,艮;君子以思不出其位。"

14.29　子曰:"君子耻其言而过其行[1]。"

【注】 ①行：所作所为。而：用法同“之”。过：多。

【释文】 孔子说：“君子以说的多于做的为可耻。”

【编者按】

参阅2.13、2.18、4.22、5.19、7.32、12.03、13.20、14.04、14.21。

14.30 子曰：“君子道者三，我无能焉：仁者不忧，知者不惑，勇者不惧①。”子贡曰：“夫子自道也。”

【注】 ①仁者不忧，知者不惑，勇者不惧：互文。“仁者”“知者”“勇者”系用君子的三个特性指代君子。

【释文】 孔子说：“君子所遵循的三个方面，我都没能做到：（君子）有仁德、有智慧、有勇气，因此就不忧愁、不迷惑也不会惧怕。”子贡说道：“这就是老师自己的道啊。”

【编者按】

一、参阅2.24、5.15、12.04、12.22。

二、“君子道”，内要“仁、智、勇”，外要“行己、事上、养民、使民”。

14.31 子贡方人。子曰：“赐也贤乎哉？夫我则不暇。”

14.32 子曰：“不患人之不己知①，患其不能也。”

【注】 ①患：担忧。不己知：倒装句，即不知己。

【释文】 孔子说："不担忧别人不知道自己的品德与才能，要担忧的是自己没有能力。"

【编者按】

参阅 1.16、4.14。

14.33 子曰："不逆诈①，不亿不信②。抑亦先觉者③，是贤乎！"

【注】 ①逆：事先预测。诈：欺骗。逆诈：预先猜人之诈意。②亿：通"臆"，主观臆测的意思。 ③抑：连词，表转折，但，却。

【释文】 孔子说："不预先怀疑别人之欺诈，不事先臆想别人的不诚信，却总能事先察觉，并防止别人的欺诈和不诚信，这样的人称得上真正的贤者啊！"

【编者按】

一、朱熹《四书章句集注》："若夫不逆不亿而卒为小人所罔焉，斯亦不足观也已。"

二、"先觉"，难乎！

14.34 微生亩谓孔子曰："丘何为是栖栖者与？无乃为佞乎？"孔子曰："非敢为佞也，疾固也。"

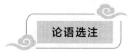

14.35　子曰："骥不称其力①，称其德也②。"

【注】 ①骥(jì)：千里马。　②德：品质，品德。指马通人性而竭尽全力的美德。

【释文】 孔子说："千里马有'骥'这个美称，不是称赞千里马的力气，而是称赞千里马竭尽全力、欲日行千里的这种品德。"

【编者按】

一、朱熹《四书章句集注》："尹氏曰：'骥虽有力，其称在德。人有才而无德，则亦奚足尚哉？'"

二、美誉乃尚德非尚能也。参阅4.16、6.14、8.11。

14.36　或曰："以德报怨①，何如？"子曰："何以报德？以直报怨，以德报德。"

【注】 ①德：仁德。报：报答，回报。

【释文】 有人说："用仁德来回报怨恨，怎么样？"孔子说："那用什么来回报仁德呢？用正直来回报怨恨，用仁德来回报仁德。"

【编者按】

一、朱熹《四书章句集注》："此章之言，明白简约，而其指意曲折反复，如造化之简易易知，而微妙无穷，学者所宜详玩也。"

二、参阅《老子》第49章。

14.37 子曰:“莫我知也夫①!”子贡曰:“何为其莫知子也②?”子曰:“不怨天,不尤人③。下学而上达④。知我者其天乎⑤!”

【注】 ①莫我知:倒装句,即莫知我。 ②何为:即为何。其:助词,无义。 ③尤:责怪。不怨天,不尤人:系对偶。 ④下学而上达:系互文。 ⑤其:可以理解为“大概”或“恐怕”。

【释文】 孔子说:“没有人了解我啊!”子贡说:“为什么说没有人了解您呢?”孔子说:“不埋怨也不责怪天和人。人事、天道都要学,并且都要弄通。了解我的大概只有老天爷了吧!”

【编者按】

朱熹《四书章句集注》:“(程子)又曰:‘学者须守下学上达之语,乃学之要。盖凡下学人事,便是上达天理,然习而不察,则亦不能以上达矣。’”

14.38 公伯寮愬子路于季孙。子服景伯以告,曰:“夫子固有惑志于公伯寮,吾力犹能肆诸市朝。”子曰:“道之将行也与?命也。道之将废也与?命也。公伯寮其如命何?”

14.39　子曰："贤者辟世，其次辟地，其次辟色，其次辟言。"

14.40　子曰："作者七人矣。"

14.41　子路宿于石门。晨门曰："奚自？"子路曰："自孔氏。"曰："是知其不可而为之者与？"

14.42　子击磬于卫。有荷蒉而过孔氏之门者，曰："有心哉！击磬乎！"既而曰："鄙哉！硁硁乎！莫己知也，斯己而已矣。深则厉，浅则揭。"子曰："果哉！末之难矣。"

14.43　子张曰："《书》云，'高宗谅阴，三年不言'。何谓也？"子曰："何必高宗，古之人皆然。君薨，百官总己以听于冢宰三年。"

14.44　子曰："上好礼[①]，则民易使也[②]。"

【注】　①好(hào)：喜欢，尊重。　②使：安排，使唤。

【释文】　孔子说："居上位者(领导者)能够尊重礼仪、礼节，那么民众就容易安排了。"

【编者按】

一、朱熹《四书章句集注》："谢氏曰：'礼达而分定，故民易使。'"

二、参阅 3.26、13.04。

14.45 子路问君子。子曰："修己以敬[①]。"曰："如斯而已乎？"曰："修己以安人[②]。"曰："如斯而已乎？"曰："修己以安百姓。修己以安百姓，尧、舜其犹病诸[③]！"

【注】 ①敬：恭敬。 ②人：一个人，全体中的个体。安人：使一个人安心（神静心清）。 ③病：担心，担忧。

【释文】 子路问怎样做才是君子。孔子说："修养自己而做到尊重人、事、物。"子路说："像这样就可以了吗？"孔子说："修己能使一个人安心（神静心清，得以养生）。"子路又问："像这样就可以了吗？"孔子说："修养自己，（弘道且实行仁政）使百姓都安乐。修养自己，（弘道且实行仁政）使百姓都安乐，那是尧、舜大概都担心不能做好吧！"

【编者按】

一、朱熹《四书章句集注》："此体信达顺之道，聪明睿知皆由是出，以此事天飨帝。"

二、修己三层次：敬→安人→安百姓。参阅 6.28、15.28。

三、修己之心与身，首先要认识人体构造。

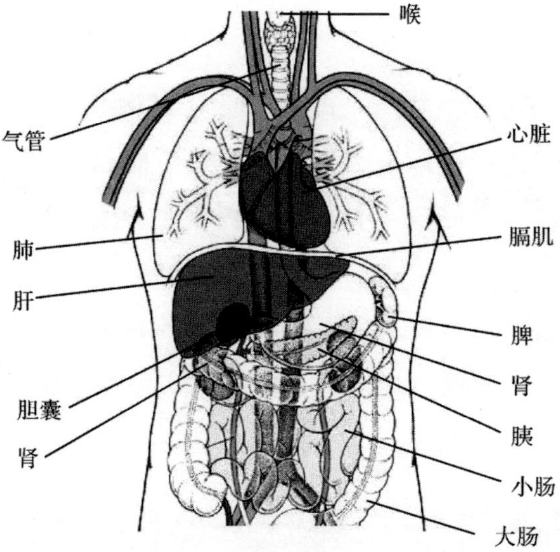

人体构造图

14.46　原壤夷俟①。子曰："幼而不孙弟②，长而无述焉③，老而不死④，是为贼⑤！"以杖叩其胫⑥。

【注】 ①原壤：鲁国人，孔子的老朋友。母死而歌，自放于礼法之外也。夷：蹲踞也。俟：等待。　②孙弟：同"逊悌"，即谦逊和孝悌。　③长(zhǎng)：长大。述：称述，称赞。无述：指没有什么德行或功业值得称述。　④死：这里不是死亡之意，表示坚持。不死：没有守礼节，指老了还是不守礼仪、礼节。　⑤贼：有害。胫(jìng)：小腿。　⑥叩：轻轻敲打。

【释文】 原壤蹲踞在门口等待孔子。孔子说："你小时候不谦逊好学也不孝悌，长大了也没有什么功德值得称道的，老了还是不守礼节，这就会被称为'贼'。"说完，孔子用手杖轻轻敲击他的小腿（让他收腿，起来迎客）。

【编者按】

一、孔子还有原壤这样的老朋友？参阅1.08、1.13、8.02。

二、"老而不死"容易被误解成"老了还不去死"。因此，这一句成为一些人攻击《论语》的有力证据，以此污蔑孔子巴不得老朋友早点去死，进而得出《论语》和孔子都缺乏人性。痛哉！

14.47　阙党童子将命①。或问之曰："益者与②？"子曰："吾见其居于位也③，见其与先生并行也④。非求益者也，欲速成者也。"

【注】　①阙党：孔子家乡，在鲁国所居地名，又叫阙里。童子：未成年人。将命：奉命捎信。　②益：增长，求上进。　③居于位：坐在成人的席位上，指不合乎当时的礼节。古代未成年人与大人分开坐，有各自的区域。　④并行：并排走。"并行"不合乎当时的礼节。

【释文】　孔子家乡阙党的一个未成年学生奉命捎信。就这个孩子，有人问孔子："这童子是一个求上进的人吗？"孔子说："我看见他坐在成人的席位上，看见他和先生长辈并排走。可见他不是一个追求上进的人，而是一个急于求成、急于表现的人。"

【编者按】

一、朱熹《四书章句集注》:“礼,童子当隅坐随行。”再:“盖所以抑而教之,非宠而异之也。”

二、参阅 9.21、12.08、14.25、14.45。

十五、卫灵公篇

15.01　卫灵公问陈于孔子[①]。孔子对曰："俎豆之事[②]，则尝闻之矣[③]；军旅之事，未之学也。"明日遂行。在陈绝粮，从者病，莫能兴。子路愠见曰："君子亦有穷乎？"子曰："君子固穷，小人穷斯滥矣。"

【注】 ①卫灵公：前540年—前493年，姬姓，名元，春秋时期卫国第28代国君，前534年—前493年在位。因多猜忌且脾气暴躁留下不好的史学评价。但其擅长识人，知人善任，也正是他提拔的三个大臣孔圉、祝鮀、王孙贾相互配合，才使卫国运行正常。陈(zhèn)：同"阵"，指军队作战时，布列的阵势。这里泛指用兵打仗。②俎(zǔ)豆：古代盛肉食的器皿，用于祭祀，此处意为礼仪之事。③尝：曾经。

【释文】 卫灵公向孔子询问排兵布阵的方法。孔子回答说："祭祀礼仪方面的事情，我听说过；用兵打仗的事，我从来没有学过。"第二天就离开了卫灵公。孔子在陈国断绝了粮食，跟从的人都饿病了，不能起来。子路生气地来见孔子说："君子也有困窘没有办法的时候吗?"孔子说："君子在困窘时还能固守正道，小人困窘就会胡作非为。"

【编者按】

朱熹《四书章句集注》："尹氏曰：'卫灵公，无道之君也，复有志于战伐之事，故答以未学而去之。'"再："愚谓圣人当行而行，无所顾虑。处困而亨，无所怨悔。于此可见，学者宜深味之。"

15.02　子曰："赐也，女以予为多学而识之者与?"对曰："然，非与?"曰："非也，予一以贯之。"

15.03　子曰："由！知德者鲜矣。"

15.04　子曰："无为而治者，其舜也与？夫何为哉，恭己正南面而已矣。"

15.05　子张问行①。子曰："言忠信，行笃敬②，虽蛮貊之邦③，行矣；言不忠信，行不笃敬④，虽州里⑤，行乎哉?立，则见其参于前也⑥；在舆，则见其倚于衡也⑦。夫然后行。"子张书诸绅⑧。

【注】　①行(xíng)：行得通的意思。　②行：行为，动作。笃：忠厚。言忠信，行笃敬：系互文。　③蛮貊(mò)：南蛮北貊，指当时我国南方和北方的少数民族。　④言不忠信，行不笃敬：系互文。

⑤州里：五百家为党，五党为州，即一州有二千五百家。州里指代本乡本土。 ⑥参：高高地直立。 ⑦倚：依靠。衡：轭也。车辕前面的横木。 ⑧书：写。绅：贵族系在腰间的大带。

【释文】 子张问怎样做才能行得通。孔子说："言语和行为都要忠实诚信、笃厚恭敬，即使到了蛮貊少数民族地区，你只要这样做也能行得通。言语和行为不忠实诚信、不笃厚恭敬，即便在本乡本土，就能行得通吗？站立时，就好像看见'言忠信，行笃敬'的字样高高地直立在面前；在车上时，就好像看见这几个字靠在车前横木上（意思是时时刻刻要看到、想到）。做到'言忠信，行笃敬'就处处行得通。"子张把这些话写在系在腰间的大带上。

【编者按】

一、朱熹《四书章句集注》："质美者明得尽，查滓便浑化，却与天地同体。其次惟庄敬以持养之，及其至则一也。"

二、参阅2.20、3.19、4.15、7.24、12.10、12.14、12.20、13.19。

15.06　子曰："直哉史鱼①！邦有道，如矢②；邦无道，如矢。君子哉蘧伯玉③！邦有道，则仕；邦无道，则可卷而怀之④。"

【注】 ①史鱼：卫国大夫，字子鱼。临死时要儿子不为他在正堂治丧，以此劝谏卫灵公任用蘧伯玉，古人称为"尸谏"。 ②矢：箭。 ③蘧（qú）伯玉：蘧瑗（yuàn），姬姓，蘧氏，名瑗，字伯玉。④卷（juǎn）：收。怀：藏。本章采用了对比的手法。

【释文】 孔子说:“真是直啊!史鱼!国家政治清明时,他像箭一样直;国家政治黑暗,他也像箭一样直。真正的君子啊!蘧伯玉!国家政治清明时,他就出来做官;国家政治黑暗时,就把自己的才能收藏起来(不做官)。”

【编者按】

一、朱熹《四书章句集注》:“杨氏曰:‘史鱼之直,未尽君子之道。若蘧伯玉,然后可免于乱世。’”

二、参阅 5.01、5.20、8.13、12.19、14.01、14.04。

15.07　子曰:“可与言而不与之言[1],失人[2];不可与言而与之言,失言[3]。知者不失人[4],亦不失言。”

【注】 ①言:谈论。与言:与人谈论。　②失人:失去别人的信任。　③失言:说错话。　④知(zhì):通“智”,明智,智慧。

【释文】 孔子说:“可以和他说的话而没有告诉他,这就叫‘失人’;不可告诉他的话,而你告诉他了,这就叫‘失言’。有智慧的人既不会‘失人’,也不会‘失言’。”

【编者按】

金玉良言呐!

15.08　子曰:“志士仁人[1],无求生以害仁,有杀身以成仁[2]。”

【注】 ①志士：有远大志向的人。仁人：有仁德的人。 ②杀身：牺牲自己的生命。

【释文】 孔子说："有远大志向、有仁德的人，不会贪生苟活而害仁，只会大义凛然、视死如归，以成仁。"

【编者按】

一、朱熹《四书章句集注》："理当死而求生，则于其心有不安矣，是害其心之德也。当死而死，则心安而德全矣。"

二、爱国情操凸显。参阅 4.08、8.06、18.02。

15.09 子贡问为仁[①]。子曰："工欲善其事[②]，必先利其器[③]。居是邦也，事其大夫之贤者，友其士之仁者。"

【注】 ①为仁：培养仁德，提高仁德。 ②工：工匠。善：好，这里作动词用，做好的意思。 ③利：锋利，这里作动词用，使……锋利。器：工具。

【释文】 子贡问"为仁"该怎么做（怎样培养仁德、提高仁德）。孔子说："工匠要想把活做好，必须先把他的工具打磨锋利。生活工作在某个国家（地区），就要与这个国家（地区）的贤德之人处好关系，结交士中的仁人。"

【编者按】

朱熹《四书章句集注》："子贡问为仁，非问仁也，故孔子告之以为仁之资而已。”

15.10 颜渊问为邦。子曰：“行夏之时①，乘殷之辂②，服周之冕③，乐则《韶》《舞》④。放郑声⑤，远佞人⑥。郑声淫，佞人殆⑦。”

【注】 ①夏之时：夏代的历法，便于农业生产。 ②辂(lù)：天子所乘的车。殷代的车由木制成，比较朴实。 ③冕(miǎn)：礼帽。周代的礼帽比以前的华美。行夏之时，乘殷之辂，服周之冕：系互文。 ④《韶》：相传是舜时的乐曲名。《舞》：舞同“武”，周武王时的乐曲。《韶》《舞》参阅3.25。 ⑤郑声：指代淫秽的乐曲。⑥佞人：用花言巧语去谄媚人的小人。放郑声，远佞人：系互文。⑦殆：危险。

【释文】 颜渊问怎样治理国家。孔子说：“采用夏、殷、周好的礼制，音乐就用《韶》和《武》。彻底抛弃、远离淫秽的乐曲和谄媚的人。郑国的乐曲淫秽，谄媚的人危险。”

【编者按】

一、提倡中庸之道。

二、重视音乐、舞蹈等“乐”对仁德、民风的影响。

15.11 子曰：“人无远虑，必有近忧。”

【释文】 孔子说："一个人没有长远的考虑、规划，一定会有眼前的忧患。"

【编者按】

一、朱熹《四书章句集注》："故虑不在千里之外，则患在几席之下矣。"

二、参阅 8.07、13.17。

15.12 子曰："已矣乎！吾未见好德如好色者也。"

15.13 子曰："臧文仲其窃位者与[①]？知柳下惠之贤[②]，而不与立也[③]。"

【注】 ①窃位：占据官位而不称职，谓阴据。 ②柳下惠：春秋中期鲁国大夫，姓展名获，字禽，他受封之地名为柳下，"惠"是他的谥号，所以被人们称为柳下惠。 ③立：立于朝。

【释文】 孔子说："臧文仲大概是个占据官位而不称职的人吧？他知道柳下惠贤良，却没有让柳下惠立于朝廷（即不给柳下惠官职）。"

【编者按】

一、朱熹《四书章句集注》："范氏曰：'臧文仲为政于鲁，若不知贤，是不明也；知而不举，是蔽贤也。不明之罪小，蔽贤之罪大。'"

二、在位者有选人之责。

三、参阅18.02。

15.14 子曰："躬自厚而薄责于人[①]，则远怨矣[②]。"

【注】 ①躬自：亲自。 ②远：远离。

【释文】 孔子说："严厉地要求自己而宽容地对待别人，就可以远离别人的怨恨了。"

【编者按】

朱熹《四书章句集注》："责己厚，故身益修；责人薄，故人易从，所以人不得而怨之。"

15.15 子曰："不曰'如之何如之何'者[①]，吾末如之何也已矣[②]。"

【注】 ①如之何：怎么办。常说"如之何"的人，通常会思考，有计划，求上进。 ②末：没有，无。

【释文】 孔子说："从来不说'怎么办，怎么办'的人，我也不知道该对他'怎么办'。"

【编者按】

一、朱熹《四书章句集注》："如之何如之何者，熟思而审处之辞也。不如是而妄行，虽圣人亦无如之何矣。”

二、参阅9.23。

15.16　子曰：“群居终日[①]，言不及义，好行小慧[②]，难矣哉[③]！”

【注】　①居：坐。终日：整天。　②好（hào）：喜欢。小慧：小道，小聪明。　③难：功业难成。

【释文】　孔子说：“很多人整天坐在一起，但是聊天言语都无关正义，又喜欢卖弄小聪明，这样的人很难成就功德和事业啊！”

【编者按】

朱熹《四书章句集注》：“好行小慧，则行险侥幸之机熟。难矣哉者，言其无以入德，而将有患害也。”

15.17　子曰：“君子义以为质[①]，礼以行之，孙以出之[②]，信以成之[②]。君子哉！”

【注】　①质：本质，原则。义以为质：即以义为质。　②孙（xùn）：同“逊”，谦逊。　③礼以行之，孙以出之，信以成之：系互文。

【释文】　孔子说：“君子把义作为根本，依照礼节、谦逊和诚信的态度，来说话、行动、成事。这样做是真正的君子啊！”

【编者按】

一、朱熹《四书章句集注》:“程子曰:‘……此四句只是一事,以义为本。’又曰:‘敬以直内,则义以方外。’”

二、君子之“义”“礼”“孙”“信”。

15.18 子曰:“君子病无能焉,不病人之不己知也。”

15.19 子曰:“君子疾没世而名不称焉。”

15.20 子曰:“君子求诸己①,小人求诸人②。”

【注】 ①求:责成,严格要求。诸:之于。求诸己:严格要求自己。 ②君子求诸己,小人求诸人:系反义对比。

【释文】 孔子说:“君子严格要求自己,小人严格要求别人。”

【编者按】

每个人都应该问问自己:吾为君子乎?小人乎?参阅 4.11、4.16、14.24、16.08。

15.21 子曰:“君子矜而不争①,群而不党②。”

【注】 ①矜:庄重,严肃。 ②群:合伙,合群。党:营私结党,拉山头。

【释文】 孔子说："君子庄重而不争执，合群而不结党营私、拉山头。"

【编者按】

朱熹《四书章句集注》："庄以持己曰矜。然无乖戾之心，故不争。和以处众曰群。然无阿比之意，故不党。"

15.22 子曰："君子不以言举人①，不以人废言。"

【注】 ①言：言辞，言论。

【释文】 孔子说："君子不凭言辞而提拔一个人，也不因一个人的过错而否定他的言辞。"

【编者按】

用人之道。参阅5.24。

15.23 子贡问曰："有一言而可以终身行之者乎①？"子曰："其恕乎②！己所不欲③，勿施于人④。"

【注】 ①一言：一个字。 ②恕：以自己而推想到别人。③欲：欲望，想要。 ④施：加，给予。

【释文】 子贡问道："有一个字可以终身奉行的吗？"孔子说：

“那大概就是‘恕’吧！自己不想要的，不要强加给别人。”

【编者按】

一、朱熹《四书章句集注》：“学贵于知要。子贡之问，可谓知要矣。孔子告以求仁之方也。推而极之，虽圣人之无我，不出乎此。终身行之，不亦宜乎？”

二、行，参阅1.06、2.13、2.18、4.12、5.09、5.15、5.19、7.10、7.21、7.24、7.32、11.21、12.03、12.14、12.20、13.03、13.20、14.04、14.21、14.29、15.05。

15.24　子曰：“吾之于人也，谁毁谁誉？如有所誉者，其有所试矣。斯民也，三代之所以直道而行也。”

15.25　子曰：“吾犹及史之阙文也①，有马者借人乘之。今亡矣夫②！”

【注】　①阙：同“缺”。　阙文：指因存疑而缺文留白。　②亡（wú）：无。

【释文】　孔子说：“我还能够看到史书中因存疑而缺文留白，有马车的人愿意借给别人用。现在没有了。”

【编者按】

一、恕之贵，参阅4.15、5.11、6.28、10.10、12.02、15.14、15.23。

二、马之贵，参阅5.25、6.03、10.13、10.15。

15.26　子曰："巧言乱德，小不忍则乱大谋。"

15.27　子曰："众恶之[1]，必察焉；众好之[2]，必察焉。"

【注】 ①恶（wù）：厌恶，讨厌。　②好（hào）：喜欢。本章系反义对比。

【释文】 孔子说："大家都讨厌他或者大家都喜欢他，一定要去考察这是为什么。"

【编者按】

一、朱熹《四书章句集注》："杨氏曰：'惟仁者能好恶人。众好恶之而不察，则或蔽于私矣。'"

二、参阅2.10、4.03、13.24、17.13。

15.28　子曰："人能弘道[1]，非道弘人。"

【注】 ①弘：弘扬。道：儒家之道，即《论语》之言。本章系反义对比。

【释文】 孔子说："人能够把天道发扬光大，而不是道能帮人扬名立万。"

【编者按】

一、朱熹《四书章句集注》："人外无道，道外无人。然人心有觉，而道体无为；故人能大其道，道不能大其人也。”

二、八道：入道、学道、访道、修道、得道、传道、了道、成道。

三、有志之士、公众人士等应成为“弘道”之榜样。

四、参阅 6.28、9.21、14.25、14.45。

15.29　子曰：“过而不改①，是谓过矣。”

【注】　①过：过错。

【释文】　孔子说：“有了过错而不改正，那就真正叫‘过’了。”

【编者按】

一、朱熹《四书章句集注》：“过而能改，则复于无过。”

二、参阅 1.08、4.07、7.16、19.08、19.21。

15.30　子曰：“吾尝终日不食①，终夜不寝②，以思，无益③，不如学也。”

【注】　①尝：曾经。终日：整日。　②终日不食、终夜不寝：系互文。　③益：好处，收获。

【释文】　孔子说：“我曾经整天、整夜不吃也不睡，而全部用于思考，但没有收获。还不如去学。”

【编者按】

一、朱熹《四书章句集注》:"此为思而不学者言之。盖劳心以必求,不如逊志而自得也。李氏曰:'夫子非思而不学者,特垂语以教人尔。'"

二、可悟"静思"之紧要。参阅 2.15、16.10、19.06。

15.31 子曰:"君子谋道不谋食①。耕也,馁在其中矣②;学也,禄在其中矣③。君子忧道不忧贫。"

【注】 ①谋:图谋,思考。 ②馁(něi):饥饿。 ③禄:俸禄,工资。耕也,馁在其中矣;学也,禄在其中矣:系反义对比。

【释文】 孔子说:"君子追求道而不追求食物。耕作,却常常挨饥饿;学习,则常常得到俸禄。君子担忧道的有关问题,而不担忧贫穷。"

【编者按】

二、朱熹《四书章句集注》:"尹氏曰:'君子治其本而不恤其末,岂以在外者为忧乐哉?'"

三、参阅 2.15、2.18、4.05、4.08、13.04。

15.32 子曰:"知及之①,仁不能守之,虽得之,必失之。知及之,仁能守之,不庄以莅之②,则民不敬。知及之,仁能守之,庄以莅之,动之不以礼,未善也。"

【注】 ①知（zhì）：通“智”。智力，智慧。及：达到，够到。之：指代官位、财富、地位，乃至国家、天下。 ②莅：临，到。这里是指官员治理民众。

【释文】 孔子说：“聪明才智足够得到官职，却不能用仁来守住它，那即使得到了官职，也一定会丧失。聪明才智足够得到官职，且能用仁来守住它，但不以庄重的态度来行使职权、治理民众，那么民众就不敬畏你。聪明才智足够得到官职，能用仁来守住它，又能以庄重的态度来行使职权，但动员民众时不能按礼制而行，那也是不够完美的。”

【编者按】

一、朱熹《四书章句集注》：“故夫子历言之，使知德愈全则责愈备，不可以为小节而忽之也。”

二、本章的内在逻辑：“知及→仁守→庄莅→礼善”。

15.33 子曰：“君子不可小知①，而可大受也②；小人不可大受，而可小知也。”

【注】 ①小知：小知识或小智慧。 ②大受：委以重任。本章系反义对比。

【释文】 孔子说：“君子不要利用其小聪明，却可以接受重任；小人不可以承担重任，却可以利用他的小聪明（解决某些事情）。”

【编者按】

一、朱熹《四书章句集注》:“盖君子于细事未必可观,而材德足以任重;小人虽器量浅狭,而未必无一长可取。”

二、参阅13.23、13.25、14.24。

15.34　子曰:“民之于仁也,甚于水火。水火,吾见蹈而死者矣,未见蹈仁而死者也。”

15.35　子曰:“当仁不让于师①。”

【注】　①当仁:遇实践仁德之事。

【释文】　孔子说:“当遇到实践仁德的事情时,对老师也不必谦让(而要抢着做)。”

【编者按】

朱熹《四书章句集注》:“程子曰‘为仁在己,无所与逊。若善名为外,则不可不逊。’”

15.36　子曰:“君子贞而不谅①。”

【注】　①贞:指固守正道。谅:小信用。

【释文】　孔子说:“君子固守正道,但不会不辨是非而拘泥于小信用。”

【编者按】

贞与谅，参阅 1.13、14.18、16.04、19.11。

15.37　子曰："事君，敬其事而后其食[①]。"

【注】　①食：俸禄。

【释文】　孔子说："替君主做事，应该先认真把事做好，再考虑俸禄。"

【编者按】

一、朱熹《四书章句集注》："君子之仕也，有官守者修其职，有言责者尽其忠，皆以敬吾之事而已，不可先有求禄之心也。"（注：编者认为"皆以敬吾之事而已"中的"吾"应为"君"）

二、事君，参阅 1.07、3.18、3.19、4.26、14.23、17.15、19.10。

三、忠，参阅 1.04、1.08、2.20、4.15、7.24、12.10、12.14、12.23、13.19、14.08、15.05。

15.38　子曰："有教无类。"

15.39　子曰："道不同[①]，不相为谋[②]。"

【注】　①道：指政治主张、学术观点等。　②为谋：谋划，商议。

【释文】 孔子说："政治主张或学术观点等存在根本性不同，那就不在一起共事、相互商议。"

【编者按】

一、何谓道？这里指儒家之道，就是《论语》中所说的道、德、仁、义、礼，做人做事的一整套思想和方法。

二、"道不同"并非简单的"习相远"。

15.40　子曰："辞达而已矣①。"

【注】 ①辞：言辞，文辞。

【释文】 孔子说："言辞能确切表达意思就可以了。"

【编者按】

一、朱熹《四书章句集注》："辞，取达意而止，不以富丽为工。"

二、"辞"有三戒：一戒重复累赘之词；二戒晦涩难懂之词；三戒缥缈、无法诺行之词。

三、做人做事亦是，求本求实毋求华丽。

四、参阅 6.16、12.08、14.09。

15.41　师冕见，及阶，子曰："阶也。"及席，子曰："席也。"皆坐，子告之曰："某在斯，某在斯。"师冕出。子张问曰："与师言之道与？"子曰："然。固相师之道也。"

十六、季氏篇

16.01　季氏将伐颛臾[1]。冉有、季路见于孔子曰[2]："季氏将有事于颛臾[3]。"孔子曰："求！无乃尔是过与[4]？夫颛臾，昔者先王以为东蒙主[5]，且在邦域之中矣[6]，是社稷之臣也[7]。何以伐为[8]？"冉有曰："夫子欲之[9]，吾二臣者皆不欲也。"孔子曰："求，周任有言曰[10]：'陈力就列[11]，不能者止[12]。'危而不持[13]，颠而不扶[14]，则将焉用彼相矣[15]？且尔言过矣。虎兕出于柙[16]，龟玉毁于椟中[17]，是谁之过与？"冉有曰："今夫颛臾，固而近于费[18]。今不取，后世必为子孙忧。"孔子曰："求！君子疾夫舍曰欲之[19]，而必为之辞[20]。丘也闻有国有家者[21]，不患寡而患不均，不患贫而患不安[22]。盖均无贫，和无寡，安无倾。夫如是，故远人不服，则修文德以来之[23]。既来之，则安之[24]。今由与求也，相夫子，远人不服而不能来也；邦分崩离析而不能守也。而谋动干戈于邦内[25]。吾恐季孙之忧，不在颛臾，而在萧墙之内也[26]。"

【注】 ①季氏：季孙氏，“孙”为尊称，实为季氏，姬姓。春秋战国时，鲁国的卿家贵族。作为“三桓”之首，季孙氏凌驾于公室之上，掌握鲁国实权。三桓，是凌驾于公室的鲁国贵族，出自鲁桓公，包括季孙氏、叔孙氏、孟孙氏。其中，季孙氏的始祖季友，谥成，史称“成季”。颛（zhuān）臾（yú）：鲁国的附属国，在今山东费县西北。②见（xiàn）于：谒见，被接见。 ③有事：有战事，攻打。 ④无乃：岂不是。尔是过：即“过尔”，责备你们的意思。“过”用作动词，表示责备。“是”用于颠倒的动宾之间，无义。 ⑤东蒙：蒙山。主：主持祭祀。 ⑥邦域：诸侯国的范围，诸侯国的界限。 ⑦社稷：土地神和五谷神，一般指国家，这里指鲁国。 ⑧为：用于句末的语气词。这里表诘问语气。 ⑨夫子：对长辈、尊贵者的尊称，这里指季康子。 ⑩周任：人名，良吏，任周代史官。曾有三句名言：“为政者，不赏私劳，不罚私怨。”“为国家者，见恶，如农夫之务去草焉。”“陈力就列，不能则止。” ⑪陈力：施展才能。就列：做官。 ⑫不能：无能为力或不尽力。止：停止，意思是辞官不做。⑬危：与后面“颠”同义。持：与后面“扶”同义。 ⑭危而不持，颠而不扶：系对偶。 ⑮相（xiàng）：搀扶盲人的人，这里是辅助、助手的意思。 ⑯虎兕：代指凶猛的动物。兕（sì）：古书上所说的雌性犀牛。柙（xiá）：这里指关闭猛兽的笼子。 ⑰龟玉：喻指颛臾。龟：占卜用的龟甲。玉：玉石。椟（dú）：柜子，匣子。 ⑱费（bì）：季氏的采邑。今山东费县西南，现普遍读 fèi。 ⑲疾：痛恨。舍（shě）：舍去，不要。 ⑳辞：找借口。 ㉑有国：指诸侯。有家：指大夫。 ㉒不患寡而患不均，不患贫而患不安：系互文。后面“均无贫，和无寡，安无倾”亦互文。 ㉓修：整治，整顿。文：诗、书、礼、乐等学教之事。德：指道、德、仁、义、礼等。来之：使之来。㉔安之：使之安。 ㉕干戈：这里指兵器。动干戈：发动战争。

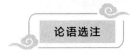

㉖萧墙：面对国君宫门的小墙。亦名“塞门”，又称“屏”。大臣至此屏，便会肃然起敬。古代“肃”同“萧”，故称“萧墙”。

【释文】 季孙氏准备攻打颛臾。冉有、季路去拜见孔子，说：“季孙氏准备派兵攻打颛臾了。”孔子说：“冉求！这难道不该责备你们吗？那个颛臾，以前先王让它主持蒙山的祭祀，而且颛臾这个国家的疆域和政权都附属于鲁国，为什么还要攻打它呢？”冉有说：“季孙大夫想去攻打，我们两人都不赞同。”孔子说：“冉求！史官周任说过：‘根据自己的才能去担任职务，不能胜任就应该辞官不干。’盲人遇到危险或跌倒了，辅助的人不去扶持、搀扶，那还要辅助的这个人干什么呢？并且你的话本来就是错的。老虎、犀牛等凶猛动物从笼子里跑出来，龟甲和美玉等宝物被毁坏在匣子里，是谁的过错呢？”冉有说：“现在颛臾城墙坚固，且离季氏的采邑费地很近。现在不攻打夺取它，将来一定会成为子孙的祸患。”孔子说：“冉求！君子痛恨那些不说自己的欲望，却一定要另找借口掩饰的人。我听说对诸侯和大夫而言，不担心贫穷、不担心人口少而担心财富不均和社会不安定。因为财富均衡、和睦团结、国内安定就没有所谓的贫穷，就不觉得人口少，就不会有倾覆的危险。像这样做了，如果远方的人还不来归顺，那就再整治好礼义仁德以招揽他们。既然使他们归顺了，就要使他们安居。现在，仲由和冉求你们两个辅佐季孙，远方的人不归顺，而且又不能招揽他们；国家即将分崩离析，你们却不能保全守住；反而谋划在国内动用武力打仗。我担心季孙的忧患，不在颛臾，而在宫墙之内的鲁君（意思是：表面是攻打颛臾，实质是想打掉鲁君的左膀右臂）。”

【编者按】

对于“不患寡而患不均，不患贫而患不安”的理解。

一、这句话强调了公正与稳定的重要性，乃中华民族之社会基因，根深蒂固。所以，我们要坚定共产主义远大理想，坚决拥护中国共产党的领导，坚定不移走共同富裕道路。这句话凝聚了中华民族数千年的智慧。“均”和“安”是中国人民一直追求的东西。在当今社会，我们也要认识到公正与稳定的重要性。

二、《大学》：“《诗》云：‘乐只君子，民之父母’。民之所好好之，民之所恶恶之，此之谓民之父母。”

三、注意社会主义和资本主义的本质区别。中国与欧美国家在经济、社会、政治、文化等方面的起源、发展状况都不同。中华文明是世界上唯一自古延续至今、从未中断的文明。

16.02　孔子曰：“天下有道，则礼乐征伐自天子出；天下无道，则礼乐征伐自诸侯出。自诸侯出，盖十世希不失矣①；自大夫出，五世希不失矣；陪臣执国命②，三世希不失矣。天下有道，则政不在大夫。天下有道，则庶人不议。”

【注】　①希：少。　②陪臣：大夫的家臣。

【释文】　孔子说：“天下政治清明，制礼作乐及出兵征伐等大事都出自天子；天下政治混乱，制礼作乐及出兵征伐等大事就出自诸侯。如果出自诸侯，大概传到十代就很少有不丧失权位的；如果出自大夫，传到五代就很少有不丧失权位的；如果大夫的家臣把持国家政权，延续到三代就很少有不丧失权位的。天下政治清明，国家的政权就不会掌握在大夫手中；天下政治清明，普通百姓就不会对朝政有诸多异议。”

【编者按】

一、朱熹《四书章句集注》：“上无失政，则下无私议。非箝其口使不敢言也。”

二、务须细细品味。参阅 5.20、13.03。

16.03　孔子曰：“禄之去公室，五世矣；政逮于大夫，四世矣；故夫三桓之子孙，微矣。”

16.04　孔子曰：“益者三友，损者三友[①]。友直，友谅[②]，友多闻，益矣。友便辟，友善柔，友便佞[③]，损矣。”

【注】　①益者三友，损者三友：益者、损者皆有三种。　②谅：诚信，无条件相信。　③便(pián)辟(pì)：谄媚逢迎。善柔：当面奉承背后诋毁。便佞：巧言善辩，花言巧语。本章系反义对比。

【释文】　孔子说：“有益的、有害的朋友都有三种。朋友正直，朋友诚信，朋友见闻广博，这三种朋友是有益的。朋友逢迎谄媚，朋友当面奉承背后诋毁，朋友花言巧语、巧言善辩，这三种朋友是有害的。”

【编者按】

一、朱熹《四书章句集注》：“友直，则闻其过。友谅，则进于诚。友多闻，则进于明。”再：“尹氏曰：‘自天子至于庶人，未有不须友以成者，而其损益有如是者，可不谨哉？’”

二、参阅 1.13、15.36、19.11。

16.05　孔子曰：“益者三乐①，损者三乐。乐节礼乐②，乐道人之善，乐多贤友，益矣。乐骄乐③，乐佚游④，乐宴乐⑤，损矣。”

【注】　①乐：追求快乐。　②乐节礼乐：追求符合礼义的快乐。③乐骄乐：追求侈肆骄横而不知礼义的快乐。　④佚游：惰慢懒散。⑤乐宴乐：追求淫溺、玩弄小人的快乐。本章系反义对比。

【释文】　孔子说：“人所追求的快乐，分为有益的三种和有害的三种。追求符合礼义的快乐，追求夸人之善的快乐，追求多结交有德之友的快乐，追求这三种快乐是有益的。追求侈肆骄横而不知礼义的快乐，追求惰慢懒散的快乐，追求淫溺、玩弄小人的快乐，追求这三种快乐是有害的。”

【编者按】

朱熹《四书章句集注》：“尹氏曰：‘君子之于好乐，可不谨哉？’”

16.06　孔子曰：“侍于君子有三愆①：言未及之而言谓之躁，言及之而不言谓之隐，未见颜色而言谓之瞽②。”

【注】　①愆(qiān)：过错，过失。　②颜色：脸色，表情。

【释文】 孔子说："侍奉在君子身边容易有三种过失：不该他发言的时候却抢先发言，这叫作'躁'（急躁）；该他说话的时候却不说话，这叫作'隐'（隐瞒）；没有留意其他人的脸色而贸然说话，这叫作'瞽'（盲人）。"

【编者按】

一、朱熹《四书章句集注》："尹氏曰：'时然后言，则无三者之过矣。'"

二、"知言、知人"之重要。

16.07 孔子曰："君子有三戒①：少之时，血气未定②，戒之在色③；及其壮也，血气方刚④，戒之在斗；及其老也，血气既衰，戒之在得⑤。"

【注】 ①戒：戒备，警惕。 ②血气：血和气，指身体发育。 ③色：好色，迷恋美色。 ④刚：旺盛，强大。 ⑤得：贪财物。少之时，血气未定，戒之在色；及其壮也，血气方刚，戒之在斗；及其老也，血气既衰，戒之在得：系互文。

【释文】 孔子说："君子有三件事应该特别警惕戒备：年少身体发育还没有完全稳定，壮年身体发育正旺盛，年老身体各方面已经衰弱，因此都要警惕迷恋女色、争强好斗、不贪恋财物。"

【编者按】

一、朱熹《四书章句集注》："戒于色、戒于斗、戒于得者，志气也。君子养其志气，故不为血气所动，是以年弥高而德弥邵也。"

二、人人须悟透，切记圣人言。参阅《老子》第46章。

16.08　孔子曰："君子有三畏[①]：畏天命[②]，畏大人[③]，畏圣人之言[④]。小人不知天命而不畏也，狎大人[⑤]，侮圣人之言[⑥]。"

【注】　①畏：敬畏。　②天命：可理解为天道。　③大人：这里指处于高位的、有德的诸侯君王。　④圣人：指品德最高尚、智慧最高超的人。孔子认可的圣人有尧、舜、禹、汤、周文王、周武王、周公。后世又加孔子、孟子等。　⑤狎(xiá)：轻慢。　⑥侮：轻侮，亵渎。本章系反义对比。

【释文】　孔子说："君子有三种敬畏：敬畏天道、敬畏诸侯君王、敬畏圣人的言论。小人反之：不懂天道而不敬畏，轻慢诸侯君王，轻侮圣人的言论。"

【编者按】

一、朱熹《四书章句集注》："尹氏曰：'三畏者，修己之诚当然也。小人不务修身诚己，则何畏之有？'"

二、对比君子和小人，反思修己。

16.09　孔子曰："生而知之者，上也；学而知之者，次也；困而学之[①]，又其次也；困而不学，民斯为下矣[②]。"

【注】　①困：有所不通。　②斯：顺接连词。

【释文】 孔子说："生来就知道的人，是上等人；经过学习后才知道的人，是次等人；遇到困惑疑难才去学习的人，是又次一等人；遇到困惑疑难仍不去学习的，这种人就是下等人了。"

【编者按】

一、朱熹《四书章句集注》："言人之气质不同，大约有此四等。"学生之资亦可参此四等。

二、资质会随人生际遇的变化而变化，要给予孩子成长的时间和空间。参阅 2.04。

三、毛泽东曾题词"向雷锋同志学习"并号召全国人民学习雷锋，意义何其深远！参阅 8.10。

16.10 孔子曰："君子有九思①：视思明，听思聪，色思温②，貌思恭，言思忠，事思敬，疑思问，忿思难③，见得思义④。"

【注】 ①思：思考，考虑。 ②色：脸色。 ③忿：同"愤"，愤怒。难(nàn)：灾难，不良后果。 ④义：正义，道义。

【释文】 孔子说："君子遇事时有以下九个要思考的方向：看的时候，要思考是否看清楚；听的时候，要思考是否听清楚；自己的脸色，要思考是否温和；自己的容貌，要思考是否谦恭；言谈的时候，要思考是否忠诚；办事时，要思考是否谨慎严肃；遇到疑问，要思考是否应该向别人询问；愤怒时，要思考是否有后患；看到财利时，要思考是否合乎义的准则。

【编者按】

一、朱熹《四书章句集注》："程子曰：'九思各专其一。'谢氏曰：'未至于从容中道，无时而不自省察也。虽有不存焉者寡矣，此之谓思诚。'"

二、"见得思义"非"得思义"。参阅 19.01。

16.11　孔子曰："见善如不及，见不善如探汤。吾见其人矣，吾闻其语矣。隐居以求其志，行义以达其道。吾闻其语矣，未见其人也。"

16.12　齐景公有马千驷，死之日，民无德而称焉。伯夷、叔齐饿于首阳之下，民到于今称之。其斯之谓与？

16.13　陈亢问于伯鱼曰①："子亦有异闻乎②？"对曰："未也。尝独立，鲤趋而过庭③。曰：'学《诗》乎？'对曰：'未也。''不学《诗》，无以言。'鲤退而学《诗》。他日，又独立④，鲤趋而过庭。曰：'学《礼》乎？'对曰：'未也。''不学《礼》，无以立。'鲤退而学《礼》。闻斯二者。"陈亢退而喜曰："问一得三，闻《诗》，闻《礼》，又闻君子之远其子也⑤。"

【注】　①陈亢（gāng）：妫（guī）姓，字子亢，又字子禽，孔子的弟子，陈亢曾做过单父邑宰。伯鱼：孔鲤，子姓，孔氏，名鲤，字伯鱼，孔子独子。因其诞时鲁昭公赐孔子一尾鲤鱼而得名。孔鲤先孔子而亡，孔鲤之妻于夫死后改嫁。孔鲤一生虽无建树，但他遵礼守义，胸襟豁达，留下了"孔鲤过庭"的典故，"伯鱼"一词也被后世用作对别人儿子的美称。孔鲤育有一子孔伋，字子思。　②异闻：

不同的言语，指特别的教导。 ③趋：小步轻声快走。古代礼节，小辈在长辈面前要“趋”。 ④独立：独自一人站着。 ⑤远(yuàn)：不亲近，不亲昵。这里指没有特别教导。

【释文】 陈亢向伯鱼问道：“你在老师那里得到过与众不同的教诲吗？”伯鱼回答说：“没有。父亲曾经独自站在那里，我快步轻声走过庭中，他问我：‘学《诗》了吗？’我回答说：‘没有。’他说：‘不学《诗》就无法应对写文章。’我退回后就学《诗》。另一天，他又独自一人站着，我快步轻声走过庭中，父亲问我：‘学《礼》了吗？’我回答说：‘没有’。他说：‘不学《礼》，就没法立足于社会。’我退回后就学《礼》。单独的教诲，我只听到过这两次。”陈亢回去后高兴地说：“问一件事，知道了三件事：知道要学《诗》以应对言辞，知道要学《礼》以立足于社会，又知道君子不特别教导自己的儿子。”

【编者按】

一、朱熹《四书章句集注》：“尹氏曰：‘孔子之教其子，无异于门人，故陈亢以为远其子。’”

二、当思“养不教，父之过”和“教不严，师之惰”。

16.14 邦君之妻，君称之曰夫人，夫人自称曰小童；邦人称之曰君夫人，称诸异邦曰寡小君；异邦人称之亦曰君夫人。

十七、阳货篇

17.01　阳货欲见孔子，孔子不见，归孔子豚。孔子时其亡也，而往拜之，遇诸涂。谓孔子曰："来，予与尔言。"曰："怀其宝而迷其邦，可谓仁乎？"曰："不可。""好从事而亟失时，可谓知乎？"曰："不可！""日月逝矣，岁不我与！"孔子曰："诺。吾将仕矣。"

17.02　子曰："性相近也①，习相远也②。"

【注】　①性：天性。　②习：后天的习性。

【释文】　孔子说："人的天性（指善恶）是相近的，后天的习性（指行为习惯）就相差很远了。"

【编者按】

一、朱熹《四书章句集注》："然以其初而言，则皆不甚相远也。但习于善则善，习于恶则恶，于是始相远耳。"

二、以道察人，尊贤而容众。参阅 19.03。

17.03　子曰："唯上知与下愚不移。"

17.04　子之武城，闻弦歌之声。夫子莞尔而笑，曰："割鸡焉用牛刀？"子游对曰："昔者偃也闻诸夫子曰：'君子学道则爱人，小人学道则易使也。'"子曰："二三子！偃之言是也。前言戏之耳。"

17.05　公山弗扰以费畔，召，子欲往。子路不说，曰："末之也已，何必公山氏之之也？"子曰："夫召我者而岂徒哉？如有用我者，吾其为东周乎！"

17.06　子张问仁于孔子。孔子曰："能行五者于天下①，为仁矣。"请问之。曰："恭、宽、信、敏、惠②。恭则不侮，宽则得众，信则人任焉③，敏则有功，惠则足以使人。④"

【注】 ①行：实践仁德。　②惠：慈惠。　③任：任用。　④恭则不侮，宽则得众，信则人任焉，敏则有功，惠则足以使人：系互文。

【释文】 子张问孔子怎样才是仁。孔子说："能够实行五种美德于天下，那就是'仁'了。"子张请问是哪五种美德。孔子说："严肃、宽厚、诚信、勤敏、慈惠。你严肃、宽厚、诚信、勤敏、慈惠就不会招致别人的侮辱，就会得到众人的拥护，别人就会任用你，就会取得大的功业，就能够很好地使用民众。"

【编者按】

一、朱熹《四书章句集注》："行是五者，则心存而理得矣。"

二、参阅 20.01。

17.07　佛肸召，子欲往。子路曰："昔者由也闻诸夫子曰：'亲于其身为不善者，君子不入也。'佛肸以中牟畔，子之往也，如之何？"子曰："然。有是言也。不曰坚乎，磨而不磷；不曰白乎，涅而不缁。吾岂匏瓜也哉？焉能系而不食？"

17.08　子曰："由也[①]，女闻六言六蔽矣乎[②]？"对曰："未也。""居[③]！吾语女。好仁不好学[④]，其蔽也愚；好知不好学[⑤]，其蔽也荡[⑥]；好信不好学，其蔽也贼[⑦]；好直不好学，其蔽也绞[⑧]；好勇不好学，其蔽也乱；好刚不好学，其蔽也狂[⑨]。"

【注】　①由：子路。　②女：同"汝"，你。六言：此处指后面的六种品德（仁、知、信、直、勇、刚）。蔽：同"弊"，弊病。　③居：坐。　④好（hào）：喜好。下同。　⑤知（zhī）：知识。　⑥荡：波动，浮荡。　⑦贼：伤害。　⑧绞：说话尖刻。　⑨狂：狂妄，胆大妄为。最后六句系近义排比，意在强调学。

【释文】　孔子说："仲由啊！你听过六种品德和六种弊病吗？"子路回答说："没有。"孔子说："坐！我告诉你。爱好仁德却不爱好学习，它的弊病是'愚'，即愚忠；爱好知识而不爱学习，它的弊病是

‘荡’，即虚浮不实；爱好诚信而不爱好学习，它的弊病是‘贼’，即容易使自己受到伤害；爱好直率而不爱好学习，它的弊病是‘绞’，即容易说话尖刻；爱好勇敢而不爱好学习，它的弊病是‘乱’，即容易胡闹闯祸；爱好刚强却不爱好学习，它的弊病是‘狂’，即狂妄而目中无人。”

【编者按】

一、朱熹《四书章句集注》：“范氏曰：‘子路勇于为善，其失之者，未能好学以明之也，故告之以此。曰勇、曰刚、曰信、曰直，又皆所以救其偏也。’”

二、参阅7.02。

17.09　子曰：“小子！何莫学夫《诗》？《诗》，可以兴，可以观，可以群，可以怨。迩之事父，远之事君。多识于鸟兽草木之名。”

17.10　子谓伯鱼曰：“女为《周南》《召南》矣乎？人而不为《周南》《召南》，其犹正墙面而立也与？”

17.11　子曰：“礼云礼云，玉帛云乎哉？乐云乐云，钟鼓云乎哉？”

17.12　子曰：“色厉而内荏①，譬诸小人②，其犹穿窬之盗也与③？”

【注】 ①色：脸色，神色。荏（rěn）：软弱无能，怯懦。 ②诸：之于。 ③穿：挖洞穿墙。窬（yú）：同“逾”，攀高爬墙。

【释文】 孔子说：“脸色严厉而内心怯懦的人，如果用某一类小人作比喻，那大概就像挖洞穿墙或攀高爬墙的盗贼吧？”

【编者按】

朱熹《四书章句集注》：“言其无实盗名，而常畏人知也。”

17.13 子曰：“乡原①，德之贼也②。”

【注】 ①原（yuàn）：同“愿”，忠厚。乡原：乡里貌似忠厚，实为流俗合污、以媚于世的伪善者。 ②贼：毁坏，败坏。

【释文】 孔子说：乡里貌似忠厚却没有是非观念、同流合污的人，他们是道德的败坏者。”

【编者按】

朱熹《四书章句集注》：“夫子以其似德非德，而反乱乎德，故以为德之贼而深恶之。”

17.14 子曰：“道听而涂说①，德之弃也。”

【注】 ①涂：同“途”。道和涂都是道路的意思。

【释文】 孔子说："在道路上听来的话，在道路上就说出去(意思是对听到的话不加思考、明辨，很快就照原样传出去)，这种做法是道德所摒弃的。"

【编者按】

一、朱熹《四书章句集注》："虽闻善言，不为己有，是自弃其德也。王氏曰：'君子多识前言往行以畜其德，道听涂说，则弃之矣。'"

二、参阅 2.10、4.03、4.07、13.23、13.24、15.27、17.13。

17.15 子曰："鄙夫可与事君也与哉①？其未得之也②，患得之；既得之，患失之③。苟患失之④，无所不至矣⑤。"

【注】 ①鄙夫：志于富贵、不志于仁德之人。亦谓为利益而不择手段的人。与事君：与之(他)事君。也与(yū)哉：语气词。②得：得到。 ③患：担心，害怕。未得之也，患得之；既得之，患失之：系反义对比。 ④苟：如果。 ⑤至：极。

【释文】 孔子说："那些'鄙夫'，可以和他们一起替君主做事吗？他们在未得到职位时，害怕得到；在得到职位以后，又担心失去职位。如果老是担心失去职位，那他就会为了保住职位而不择手段甚至做不正义的事情。"

【编者按】

一、朱熹《四书章句集注》："胡氏曰：'许昌靳裁之有言曰："士之品大概有三：志于道德者，功名不足以累其心；志于功名者，富贵不足以累其心；志于富贵而已者，则亦无所不至矣。"志于富贵，即孔子所谓鄙夫也。'"

二、参阅1.16、4.14、14.32、15.32。

17.16　子曰："古者民有三疾①，今也或是之亡也②。古之狂也肆③，今之狂也荡④；古之矜也廉⑤，今之矜也忿戾⑥；古之愚也直⑦，今之愚也诈而已矣⑧。"

【注】　①疾：毛病。　②或：或许。亡：通"无"。是之亡：无是、无这的意思。　③狂：狂妄。肆：不拘小节。　④荡：违大德。⑤矜：持守太严。廉：棱角峭厉。　⑥忿戾：蛮横无理，动辄发怒至于争矣。　⑦愚：暗昧不明。直：径行自遂。　⑧诈：挟私妄作。后面六句系三个对比："肆"对比"荡"，"廉"对比"忿戾"，"直"对比"诈"。

【释文】　孔子说："古代的百姓有三种毛病，现在或许没有这三种毛病了。古代的狂人轻率肆意、不拘小节，现在的狂人则放荡不羁甚至违大德；古代矜持的人棱角峭厉，现在矜持的人怒而好争、强词夺理；古代愚昧的人憨直，现在愚笨的人欺诈挟私。"

【编者按】

一、朱熹《四书章句集注》："范氏曰：'末世滋伪，岂惟贤者不如古哉？民性之蔽，亦与古人异矣。'"

二、古今之别在于德。

17.17　子曰："巧言令色，鲜矣仁。"

17.18　子曰："恶紫之夺朱也，恶郑声之乱雅乐也，恶利口之覆邦家者。"

17.19　子曰："予欲无言。"子贡曰："子如不言，则小子何述焉？"子曰："天何言哉？四时行焉，百物生焉，天何言哉？"

17.20　孺悲欲见孔子，孔子辞以疾。将命者出户，取瑟而歌，使之闻之。

17.21　宰我问①："三年之丧②，期已久矣③。君子三年不为礼，礼必坏④；三年不为乐，乐必崩⑤。旧谷既没⑥，新谷既升⑦，钻燧改火⑧，期可已矣。"子曰："食夫稻⑨，衣夫锦⑩，于女安乎⑪？"曰："安。""女安则为之！夫君子之居丧，食旨不甘⑫，闻乐不乐⑬，居处不安⑭，故不为也。今女安，则为之！"宰我出。子曰："予之不仁也！子生三年⑮，然后免于父母之怀。夫三年之丧，天下之通丧也。予也有三年之爱于其父母乎？"

【注】　①宰我：孔子学生，名予，字子我。　②三年之丧：子女为死去的父母服丧三年。　③期(jī)：时间，这里指三年。后面的"期"指一年。　④坏：荒废。　⑤崩：生疏。三年不为礼，礼必坏；三年不为乐，乐必崩：系互文。　⑥没：没有。　⑦升：上来。

⑧钻燧(suì):古代钻木取火的方法。改火:取火所用木头四季不同,一年轮一遍,叫“改火”。旧谷既没,新谷既升,钻燧改火:系近义排比。强调一年时间。 ⑨食夫(fú)稻:吃稻米。 ⑩衣(yì)夫(fú)锦:穿锦缎衣服。食夫稻,衣夫锦:泛指不符合服丧礼节的行为。古代服丧礼节是食粥、粗衰。 ⑪女:同“汝”。安:安心。 ⑫旨:美食。甘:香,甜。 ⑬闻乐(yuè)不乐:听音乐也不快乐。 ⑭居处:指平时住的好房子。按古代礼节,守孝时住草棚,睡草垫。食旨不甘,闻乐不乐,居处不安:系互文。 ⑮子:孩子,这里指宰我。

【释文】 宰我问:“父母死后,服丧三年,这个时间太长了。君子三年不习礼、乐,礼、乐就肯定生疏了(礼含礼仪、礼制、礼器,乐含谱曲、唱歌、演奏)。陈谷已经吃完,新谷已经登场,取火用的燧木已经轮换了一遍,这个时间(服丧一年)就可以了。”孔子说:“(仅仅服丧一年就)吃稻米,穿锦缎衣服,这样不合丧礼,对你来说心安吗?”宰我说:“心安。”孔子说:“你心安,就那样做吧!君子服丧期间,吃美食不香甜,听音乐不快乐,住家里也不安宁,故不会守孝一年。现在你觉得心安,就那样去做吧!”宰我出去了。孔子说:“宰我不仁啊!孩子生下来三年后,才能脱离父母的怀抱。三年丧期,是天下通行的丧礼。宰予,你难道就没从你父母那里得到过三年怀抱的爱护吗?”

【编者按】

一、宰我三问之三。另两问参阅 3.21、6.24。

二、参阅 5.09、6.10。

三、哀伤欲绝时的静思,收获更大。

17.22　子曰："饱食终日①，无所用心，难矣哉！不有博弈者乎②，为之犹贤乎已③。"

【注】①饱食：酒足饭饱。　②博：掷骰子的棋。弈：古代指围棋。　③贤：好，强。已：止，不动的意思。

【释文】孔子说："整天喝酒吃肉，但什么心思也不用，什么事情也不做，这就难有作为了呀！不是有掷骰子的棋、围棋之类的吗？哪怕做这些，也好过什么都不做啊！"

【编者按】

一、朱熹《四书章句集注》："李氏曰：'圣人非教人博弈也，所以甚言无所用心之不可尔。'"

二、参阅1.14、7.09、7.15、15.16。

17.23　子路曰："君子尚勇乎①？"子曰："君子义以为上②。君子有勇而无义为乱，小人有勇而无义为盗。"

【注】①尚：尊崇，崇尚。　②义：正义，道义。上：上等，高尚，尊贵。

【释文】子路说："君子崇尚勇敢吗？"孔子说："君子把义看作最尊贵的。君子只有勇敢而不讲正义，就会作乱（造反）；小人只有勇敢而不讲正义，就会成为盗贼。"

【编者按】

一、朱熹《四书章句集注》："尹氏曰：'义以为尚，则其勇也大矣。子路好勇，故夫子以此救其失也。'胡氏曰：'疑此子路初见孔子时问答也。'"

二、君子、小人并非指社会上某个群体，意为修己时取彼去此。参阅 4.11、4.16、7.36、12.19、13.23、13.25、14.07、14.24、15.01、15.20、15.33、16.08。

三、勇，参阅 2.24、8.02、17.08。

17.24　子贡曰："君子亦有恶乎？"子曰："有恶：恶称人之恶者①，恶居下流而讪上者②，恶勇而无礼者，恶果敢而窒者③。"曰："赐也亦有恶乎？""恶徼以为知者④，恶不孙以为勇者⑤，恶讦以为直者⑥。"

【注】　①恶(wù)：讨厌，憎恶。恶(è)：恶毒，过错，无仁德。②讪上：毁谤上级。　③窒：阻塞，不通事理，顽固不化。　④徼(jiāo)：抄袭。知(zhì)：聪明。　⑤孙(xùn)：同"逊"，谦虚，恭敬。⑥讦(jié)：攻击别人的短处，揭发别人的隐私。

【释文】　子贡问："君子也有讨厌的人吗？"孔子说："有讨厌的人：讨厌宣扬别人过错、故意贬低别人的人，讨厌身居下位而毁谤上位的人，讨厌勇敢而无礼乱来的人，讨厌敢作敢为而顽固不化的人。"孔子接着问："赐，你也有讨厌的人吗？"子贡说："我讨厌抄袭他人而自以为聪明的人，讨厌把不谦逊看作勇敢的人，讨厌揭发别人短处和隐私却自以为正直的人。"

【编者按】

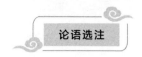

一、朱熹《四书章句集注》："侯氏曰：'圣贤之所恶如此，所谓唯仁者能恶人也。'"

二、参阅 2.24、5.06、8.02、8.10、14.05、14.13、17.08、17.23。

17.25　子曰："唯女子与小人为难养也[1]，近之则不孙[2]，远之则怨。"

【注】　①唯：只有。意指某个特定范围之内。女子：这里指家里婢妾一类的女人。小人：这里指家里仆从一类的人。养：抚养，供养。　②孙：同"逊"，谦虚，恭敬。近之则不孙，远之则怨：系互文。

【释文】　孔子说："只有（家里的）婢妾和仆从是难以抚养的。太亲近或者太疏远，他们都会不尊敬你、埋怨你。"

【编者按】

孔子感叹"齐家"之难，况"治国、平天下"乎！

17.26　子曰："年四十而见恶焉，其终也已。"

十八、微子篇

18.01　微子去之，箕子为之奴，比干谏而死。孔子曰："殷有三仁焉。"

18.02　柳下惠为士师①，三黜②。人曰："子未可以去乎③？"曰："直道而事人，焉往而不三黜④？枉道而事人，何必去父母之邦⑤。"

【注】 ①柳下惠：作为遵守中国传统道德的典范，其"坐怀不乱"的故事广为传颂。孔子认为他是"被遗落的贤人"，孟子尊他为"和圣"。士师：官名，掌管刑罚狱讼。　②三黜（chù）：三次被免职。黜：废除，罢免。　③去：离开。　④焉：何，哪里。　⑤父母之邦：父母所在的国家，即祖国、故国。

【释文】 柳下惠担任掌管刑罚狱讼的官，三次被罢免官职。有人说："您不可以离开鲁国吗？"他说："用正直之道来做事和做人，去哪里能不出现三次被罢免呢？不用正直之道来做事和做人，又为什么一定要离开故国呢。”

【编者按】

一、爱国之心凸显。参阅 4.08、8.06、15.08。

二、正直，参阅 12.22。

三、参阅《老子》第 13 章。

四、三黜，可以改善职位进出、升降之机制。

18.03 齐景公待孔子，曰：“若季氏则吾不能，以季、孟之间待之。”曰：“吾老矣，不能用也。”孔子行。

18.04 齐人归女乐，季桓子受之。三日不朝，孔子行。

18.05 楚狂接舆歌而过孔子曰[①]：“凤兮[②]！凤兮！何德之衰？往者不可谏[③]，来者犹可追[④]。已而，已而[⑤]！今之从政者殆而[⑥]！”孔子下，欲与之言。趋而辟之[⑦]，不得与之言。

【注】 ①接舆：陆通，字接舆，楚国的隐士，佯狂避世不仕，相传为道教天府四相之一。 ②凤：凤凰，传说中的瑞鸟。凤，有道则见，无道则隐。接舆以比孔子，讥其不能隐，为德衰也。 ③谏：规劝。 ④追：赶上，来得及。来者犹可追：指现在还可以归隐。 ⑤已：止。而：语气助词。 ⑥殆：危险，败坏。 ⑦辟：同“避”。避开。

【释文】 楚国的狂人隐士接舆(陆通)一边唱着歌,一边经过孔子坐的车,说:"凤凰啊!凤凰啊!为什么德行如此衰微?过去的就不说了,将来还能赶上(意思是你现在还可以归隐啊)。算了吧!算了吧!现在那些从政的人道德败坏呀!"孔子下车,想要同他说话。但是接舆快走几步避开了孔子,孔子未能同他交谈。

【编者按】

一、可见孔子忧国忧民之心及弘道之难。

二、参阅8.07、18.07。

18.06 长沮、桀溺耦而耕,孔子过之,使子路问津焉。长沮曰:"夫执舆者为谁?"子路曰:"为孔丘。"曰:"是鲁孔丘与?"曰:"是也。"曰:"是知津矣。"问于桀溺,桀溺曰:"子为谁?"曰:"为仲由。"曰:"是鲁孔丘之徒与?"对曰:"然。"曰:"滔滔者天下皆是也,而谁以易之?且而与其从辟人之士也,岂若从辟世之士哉?"耰而不辍。子路行以告。夫子怃然曰:"鸟兽不可与同群,吾非斯人之徒与而谁与?天下有道,丘不与易也。"

18.07 子路从而后,遇丈人①,以杖荷蓧②。子路问曰:"子见夫子乎?"丈人曰:"四体不勤③,五谷不分④。孰为夫子?"植其杖而芸⑤。子路拱而立。止子路宿,杀鸡为黍而食之⑥,见其二子焉⑦。明日⑧,子路行以告。子曰:

"隐者也。"使子路反见之[⑨]。至则行矣。子路曰:"不仕无义[⑩]。长幼之节,不可废也;君臣之义,如之何其废之?欲洁其身,而乱大伦[⑪]。君子之仕也,行其义也。道之不行,已知之矣。"

【注】 ①丈人:老人。 ②荷:用肩膀担。蓧(diào):古代用于除草的工具。 ③四体:四肢。 ④五谷:古书中有不同的说法,最普遍的一种指稻、黍、稷、麦、菽。稻、麦是中国主要粮食作物;黍是黄米;稷是粟,一说是高粱;菽是豆类作物。 ⑤植:同"置",放置,放下。芸:通"耘",锄草,干农活。 ⑥为黍(shǔ):用黍米做饭。食(sì):作动词用,吃。 ⑦见(xiàn)其二子:叫他的两个儿子出来见客。 ⑧明日:第二天。 ⑨反:同"返",返回。⑩义:道义。 ⑪大伦:根本的伦理道德。

【释文】 子路跟随孔子时落在了后面,遇到一个老人,用手杖担着除草用的工具。子路问道:"您看见我的老师了吗?"老人说:"你这人四肢不劳动,五谷分不清。什么样的人能当你的老师?"说完,把手杖插在地上开始锄草。子路拱着手站在一边。老人便留子路到他家中住宿,杀鸡做黍米饭给子路吃,还叫他的两个儿子出来相见。第二天,子路辞别,赶上了孔子,并把这事告诉了他。孔子说:"这是个隐士。"叫子路返回再去见他。子路到了那里,发现老人已经出行了。子路说:"不做官是没有道义的。长幼之间的礼节,不可以废弃;君臣之间的道义,又怎么可以废弃它呢?你本想保持自身纯洁,却破坏了根本的五大伦理道德。君子出来做官,是为了履行道义。至于我们的政治主张行不通,我们已经知道的了。"

【编者按】

一、朱熹《四书章句集注》:“人之大伦有五:父子有亲,君臣有义,夫妇有别,长幼有序,朋友有信是也。”

二、“隐者为高”。庭前兰桂,几垄瓜菜,屋后鸡鸭,男耕女织,孝老教幼伴猫狗。日出而作,日落而息。美哉!

三、参阅4.08、8.07、18.05。

18.08　逸民:伯夷、叔齐、虞仲、夷逸、朱张、柳下惠、少连。子曰:“不降其志,不辱其身,伯夷、叔齐与!”谓:“柳下惠、少连,降志辱身矣,言中伦,行中虑,其斯而已矣。”谓:“虞仲、夷逸,隐居放言。身中清,废中权。我则异于是,无可无不可。”

18.09　大师挚适齐,亚饭干适楚,三饭缭适蔡,四饭缺适秦,鼓方叔入于河,播鼗武入于汉,少师阳、击磬襄入于海。

18.10　周公谓鲁公曰①:“君子不施其亲②,不使大臣怨乎不以③。故旧无大故④,则不弃也。无求备于一人⑤。”

【注】　①周公:姬姓名旦,亦称叔旦。其制礼作乐,为西周典章制度的主要创制者,主张“明德慎罚”,以“礼”治国。鲁公:指周公之子,鲁国始封之君伯禽。　②施:通“弛”,疏远。　③大臣:贤德之臣。以:用。　④大故:指大逆不道之错。　⑤求备:求全责备,要求十全十美。

【释文】 周公对鲁公说："君子不疏远他的亲族，不使贤德之臣怨恨没有被任用。故旧朋友如果没有大逆不道的过错，就不要抛弃他们。不能要求一个人十全十美。"

【编者按】

一、朱熹《四书章句集注》："李氏曰：'四者皆君子之事，忠厚之至也。'胡氏曰：'此伯禽受封之国，周公训戒之辞。鲁人传诵，久而不忘也。其或夫子尝与门弟子言之欤？'"

二、参阅 3.22、5.01、8.02、14.18、14.20、13.02。

18.11 周有八士：伯达、伯适、仲突、仲忽、叔夜、叔夏、季随、季騧。

十九、子张篇

19.01　子张曰[①]:“士见危致命[②],见得思义,祭思敬,丧思哀[③],其可已矣。”

【注】 ①子张:颛孙师,小孔子48岁,是孔子门下著名的学生之一。向孔子“问干禄”“问行”“问仁”“问政”“问明”“问十世可知”“问善人之道”“问士何如斯可谓之达”“问何如斯可以从政”。②致命:指愿意献出生命。　③祭思敬,丧思哀:系互文。

【释文】 子张说:“士人遇到危险愿意献出生命,看到利益先想是否合乎道义,祭祀和做丧事时能做到恭敬和悲痛,这样也就可以了。”

【编者按】

一、朱熹《四书章句集注》:“四者立身之大节,一有不至,则余无足观。故言士能如此,则庶乎其可矣。”

二、参阅3.04、3.26、7.09、14.13、11.11、16.10。

19.02　子张曰："执德不弘，信道不笃，焉能为有？焉能为亡？"

19.03　子夏之门人问交于子张①。子张曰："子夏云何②？"对曰："子夏曰：'可者与之③，其不可者拒之。'"子张曰："异乎吾所闻：君子尊贤而容众，嘉善而矜不能④。我之大贤与⑤，于人何所不容？我之不贤与，人将拒我，如之何其拒人也？"

【注】 ①门人：这里指弟子。　②云：说。云何：说什么。　③与：相与交往的意思。后面两个与同"欤"，语气词。　④嘉：嘉奖，表扬。矜(jīn)：同情，怜悯。　⑤大贤：具有大贤大德之人。

【释文】 子夏的弟子向子张请教怎样交朋友。子张说："子夏是怎么说的呢？"子夏的弟子回答说："子夏说：'可以交往的就和他交往，不可以交往的就拒绝他。'"子张说："这和我所听到的不一样：君子尊敬贤人、称赞善人，也能够容纳众人、怜悯无能的人。如果我是个具有大贤大德的人，对别人有什么不能容纳的呢？如果我不贤明，别人将会拒绝我，我还怎么去拒绝别人呢？"

【编者按】

一、朱熹《四书章句集注》："盖大贤虽无所不容，然大故亦所当绝；不贤固不可以拒人，然损友亦所当远。学者不可不察。"

二、细品：尊贤而容众，嘉善而矜不能。末位淘汰是否合适？

三、参阅 1.08、8.10、13.21。

19.04　子夏曰："虽小道[①]，必有可观者焉；致远恐泥[②]，是以君子不为也。"

【注】　①小道：小技艺，指六艺以外的才能，儒家认为不能直接用于"治国平天下"的是小道。　②致远：达到远大的目标，即实现儒家之道的目标。泥(nì)：阻碍，不通，妨碍。

【释文】　子夏说："即使是小技艺(虽然不能直接用于治国平天下)，也一定有其可取之处；但(如果执着钻研这些小技艺)，恐怕会阻碍我们实现远大的目标，所以君子不钻研这些小技艺。"

【编者按】

"致远""小道"即本末之别。

19.05　子夏曰："日知其所亡[①]，月无忘其所能[②]，可谓好学也已矣[③]。"

【注】　①亡(wú)：通"无"。　②无忘：不要忘记，指要经常练习、复习。　③好(hào)：喜欢。

【释文】　子夏说："每天学习掌握一些自己以前不知道的，每月经常复习而不至于忘记以前所学会的，可以称得上好学的了。"

【编者按】

一、朱熹《四书章句集注》:“尹氏曰:‘好学者日新而不失。’”

二、及时复习的时限有日、三、周、半月、月之别。参阅8.17、19.12。

19.06 子夏曰:“博学而笃志①,切问而近思②,仁在其中矣。”

【注】 ①笃志:坚守志向(指学儒家之道、弘儒家之道)。②切问:恳切地发问。近思:思考当前的事。

【释文】 子夏说:“广博地学习并且坚守志向(指学道、弘道),恳切地提出问题并且常常思考当前的事,仁德就在其中了。”

【编者按】

一、朱熹《四书章句集注》:“四者皆学问思辨之事耳,未及乎力行而为仁也。然从事于此,则心不外驰,而所存自熟,故曰仁在其中矣。”再:“苏氏曰:‘博学而志不笃,则大而无成;泛问远思,则劳而无功。’”

二、孔子之志乃以“学”及“道”。参阅1.01、2.04、2.15、4.04、4.09、5.25、7.06、15.30、16.10。

三、参阅《老子》第48章。

19.07 子夏曰:“百工居肆以成其事①,君子学以致其道②。”

【注】 ①百工：各类工匠。肆：手工业作坊。 ②致：极，达到，获得。道：儒家之道，指修身治国之道。

【释文】 子夏说："各行各业的工匠居住在作坊里来完成他们的工作，君子则通过学习来达到弘道的目的。"

【编者按】

一、朱熹《四书章句集注》："工不居肆，则迁于异物而业不精。君子不学，则夺于外诱而志不笃。尹氏曰：'学所以致其道也。百工居肆，必务成其事。君子之于学，可不知所务哉？'"

二、参阅7.06。

19.08 子夏曰："小人之过也必文①。"

【注】 ①文（wèn）：掩饰。

【释文】 子夏说："小人犯了错误，一定会加以掩饰。"

【编者按】

一、朱熹《四书章句集注》："小人惮于改过，而不惮于自欺，故必文以重其过。"

二、参阅19.21。

19.09 子夏曰："君子有三变①：望之俨然②，即之也温③，听其言也厉④。"

【注】 ①变:变化,不同的状态。 ②俨(yǎn)然:庄严的样子。 ③即:靠近,接近。温:温和。 ④厉:用词精准。

【释文】 子夏说:"君子有三种不同的状态:远远望去庄重威严,接近他时又觉得温和可亲,听他说话则觉得用词精准。"

【编者按】

朱熹《四书章句集注》:"谢氏曰:'此非有意于变,盖并行而不相悖也,如良玉温润而栗然。'"

19.10 子夏曰[1]:"君子信而后劳其民[2],未信则以为厉己也[3];信而后谏[4],未信则以为谤己也[5]。"

【注】 ①子夏,即卜商,比孔子小44岁,卫国人。著有《诗序》《易传》。(有的说《易传》系孔子所作) ②信:使……信任。劳:使……劳动。 ③厉:折磨,虐待。 ④谏:进谏,提建议。 ⑤谤:诽谤,毁谤。本章系两组对比。

【释文】 子夏说:"君子在得到民众的信任之后,才会安排他们劳动,如果没有得到民众信任(就安排他们劳动),(民众)就会认为是虐待他们。(君子)得到信任之后,才去进谏(君主),如果没有得到信任(就去进谏君主),(君主)就会以为君子在诽谤自己。"

【编者按】

一、朱熹《四书章句集注》:"事上使下,皆必诚意交孚,而后可以有为。”

二、事君，参阅 1.07、3.18、3.19、4.26、14.23、15.37。

三、几人敢谏？何谓忠？几人谦纳？参阅 14.23、18.02。

19.11　子夏曰：“大德不逾闲[1]，小德出入可也[2]。”

【注】　①大德：大节。指涉及国家民族危亡时的态度。逾：超越，逾越。闲：栅栏等阻隔物。这里引申为范围、界限。　②小德：小节。相对于“大德”而言。本章系反义对比。

【释文】　子夏说：“（涉及国家的）大的德行不能逾越界限，小节小事有些出入是可以的。”

【编者按】

一、朱熹《四书章句集注》：“言人能先立乎其大者，则小节虽或未尽合理，亦无害也。”

二、理解德，并区分大德和小德。

三、参阅 1.13、14.07、14.18、15.36、16.04。

19.12　子游曰[1]：“子夏之门人小子，当洒扫应对进退[2]，则可矣。抑末也[3]，本之则无。如之何？”子夏闻之曰：“噫！言游过矣！君子之道[4]，孰先传焉？孰后倦焉[5]？譬诸草木[6]，区以别矣。君子之道，焉可诬也[7]？有始有卒者[8]，其惟圣人乎！”

【注】 ①子游：姓言名偃。 ②当：仅仅。洒（shài）：通“晒”，指把东西拿出去晒，收回来。比如衣被、粮食、家具等。扫（sào）：指洒水、扫地、整理、倒垃圾等。应：指接待朋友。对：指接待上级、老师或长辈等。应对：指接待宾客时的应酬答对。进退：泛指进入、退出重要场所时的礼仪。 ③抑：转折连词。可是的意思。末：细枝末节，指生活琐事。与后面的“本”相对而言，后面的“本”是指修身治国的大学问。 ④道：天道。 ⑤孰：什么。倦：与前面的“传”同义，教诲、教导的意思。 ⑥譬诸草木：好比草木。草木有大小和种类之别，此处比喻学问有深浅，应当分门别类，循序渐进。 ⑦诬：歪曲。 ⑧卒：结束。

【释文】 子游说：“子夏的弟子们，仅仅做些晒收东西、洒水扫地、接待客人、应对上级、趋进和走退礼仪之类的事，那是可以的。不过这些只是细枝末节的事，根本的大学问却没有学到，这怎么行呢？”子夏听到这话后，说：“咳！言游你错了！君子之道，哪些内容要先传授？哪些内容要后传授？就好比草木一样，是要区分种类和大小的。君子之道，怎么能歪曲呢？能有始有终、由浅入深、循序渐进地传授的，大概只有圣人吧！”

【编者按】

一、朱熹《四书章句集注》：“程子曰：‘君子教人有序，先传以小者近者，而后教以大者远者。非先传以近小，而后不教以远大也。’又曰：‘洒扫应对，便是形而上者，理无大小故也。故君子只在慎独。’又曰：‘圣人之道，更无精粗。从洒扫应对，与精义入神贯通只一理。虽洒扫应对，只看所以然如何。’又曰：‘凡物有本末，不可分本末为两段事。洒扫应对是其然，必有所以然。’”再：“学者当循序而渐进，不可厌末而求本。”

二、教与学之生态闭环，含教学内容、教之法、学之要等。参阅1.01、1.07、1.14、1.15、2.04、2.20、2.11、2.15、2.17、4.17、5.09、5.14、6.10、6.16、6.18、6.19、6.21、7.02、7.06、7.08、7.16、7.20、7.21、7.24、8.17、9.07、11.21、13.18、14.08、16.09、16.13、17.08、19.05。

19.13 子夏曰："仕而优则学[①]，学而优则仕。"

【注】 ①仕：从政当官。优：有余力。

【释文】 子夏说："做官如果有余力就去学习，学习如果有余力就去做官。"

【编者按】

一、朱熹《四书章句集注》："仕与学理同而事异，故当其事者，必先有以尽其事，而后可及其余。然仕而学，则所以资其仕者益深；学而仕，则所以验其学者益广。"

二、关于"优"和"仕"。

《千字文》"学优登仕，摄职从政"中的"优"是"优秀"的意思。而"仕"的核心在德，并非学习优秀。

三、教子、教生需斟酌教材、语句。

有些国学经典须具备"明辨"能力方可读懂。比如阅读《千字文》《弟子规》《三字经》《增广贤文》等时需能辨别、有取舍，故有"书不读秦汉以下"之说。

个人认为，有些俗语不适用于教子、励志，比如“吃得苦中苦，方为人上人”（改编自明朝冯梦龙《警世通言》中的“不受苦中苦，难为人上人”）。此语有两大误区：其一，误在其目标“人上人”。何为“人上人”？其二，误在过程。学习，以乐得为上。如果觉得学习苦，那说明不仅收获少，而且未能找到合适的学习之法。参阅1.01、6.18、6.21。

19.14　子游曰：“丧致乎哀而止。”

19.15　子游曰：“吾友张也，为难能也，然而未仁。”

19.16　曾子曰：“堂堂乎张也，难与并为仁矣。”

19.17　曾子曰：“吾闻诸夫子：人未有自致者也，必也亲丧乎！”

19.18　曾子曰：“吾闻诸夫子：孟庄子之孝也，其他可能也；其不改父之臣与父之政，是难能也。”

19.19　孟氏使阳肤为士师①，问于曾子②。曾子曰：“上失其道，民散久矣③。如得其情，则哀矜而勿喜④。”

【注】①阳肤：相传是曾子的弟子。士师：司法官，掌管刑罚狱讼。②问：请教。③民散：民心涣散。④哀：悲哀。矜：怜悯。

【释文】 孟氏让阳肤担任掌管刑罚狱讼的官，阳肤就此事向曾子请教。曾子说："当今在上位的人丧失了正义，民心涣散已经很久了。如果审案时审出真情，就应该悲哀、怜悯（犯罪之人），不要沾沾自喜！"。

【编者按】

一、朱熹《四书章句集注》："谢氏曰：'民之散也，以使之无道，教之无素。故其犯法也，非迫于不得已，则陷于不知也。故得其情，则哀矜而勿喜。'"

二、常人皆有向上之心，然未达"智以统情"而不得进。

19.20 子贡曰："纣之不善①，不如是之甚也②。是以君子恶居下流③，天下之恶皆归焉④。"

【注】 ①纣：帝辛，子姓，名受，世称"纣""商纣王"等。商朝最后一个君王。 ②如是：像这样。 ③恶（wù）：讨厌，憎恨。下流：下游，地势低下的处所。此处指地位低下。 ④恶（è）：罪恶，这里是恶名的意思。

【释文】 子贡说："商纣王的暴行，不像现在流传得那么严重。所以君子忌讳身染污行而居下流之地，（一旦居于下流之地，）天下的恶名就全部归集到这个人身上去了。"

【编者按】

一、朱熹《四书章句集注》："子贡言此，欲人常自警省，不可一置其身于不善之地。非谓纣本无罪，而虚被恶名也。”

二、流言止于智者，勿人云亦云。比如“狗不能吃盐，吃盐会掉毛”之类。今之广告词、宣传语皆有道乎？参阅19.13。

三、俗语误传害人不浅，如“无尖不商”被误传为“无奸不商”，“无度不丈夫”被误传为“无毒不丈夫”。我们必须探究其深层次的原因。

19.21　子贡曰：“君子之过也，如日月之食焉①；过也，人皆见之；更也，人皆仰之②。”

【注】　①日月之食：指日食、月食，意思是很受老百姓关注。②更(gēng)：更改，改正。

【释文】　子贡说：“君子的过失啊，就像日食、月食一样(被民众关注)；犯错时，民众都看着他；改正了，民众都崇拜他。”

【编者按】

一、公众人物须尽其社会责任，以正社会之风。

二、参阅1.08、4.07、7.16、15.29、19.08。

19.22　卫公孙朝问于子贡曰：“仲尼焉学？”子贡曰：“文、武之道，未坠于地，在人。贤者识其大者，不贤者识其小者，莫不有文、武之道焉。夫子焉不学？而亦何常师之有？”

19.23 叔孙武叔语大夫于朝[①]，曰："子贡贤于仲尼[②]。"子服景伯以告子贡[③]。子贡曰："譬之宫墙，赐之墙也及肩[④]，窥见室家之好。夫子之墙数仞[⑤]，不得其门而入，不见宗庙之美，百官之富[⑥]。得其门者或寡矣[⑦]。夫子之云[⑧]，不亦宜乎！"

【注】 ①叔孙武叔：鲁国大夫，名州仇，"武"是他的谥号。语(yù)：与……说话。朝(cháo)：朝廷。 ②仲尼：孔子。 ③子服景伯：名何，鲁国的大夫。 ④及肩：达到肩膀的高度。 ⑤仞：七尺为一仞。"数仞"对比前面"及肩"。 ⑥官：通"馆"。富：多。宗庙之美，百官之富：系互文。又与"室家之好"形成对比，"宗庙、百官"对比"室家"，"美、富"对比"好"。 ⑦寡：少。 ⑧夫子：这里指叔孙武叔。

【释文】 叔孙武叔在朝廷上对大夫们说："子贡比仲尼更有贤德。"子服景伯把这话告诉了子贡。子贡说："就比喻成围墙吧，我的围墙只有肩膀那么高，从墙外可以看到里面房子的美好。我老师的围墙有几十尺高，找不到大门进去，就看不见里面宗室、庙室、房馆的雄伟、美丽和丰富。能够找到大门的人或许太少了。以叔孙武叔先生的水平而这么说，不也是很正常的吗？"

【编者按】

劝诫后贤好学也！

19.24　叔孙武叔毁仲尼。子贡曰："无以为也，仲尼不可毁也。他人之贤者，丘陵也，犹可逾也；仲尼，日月也，无得而逾焉。人虽欲自绝，其何伤于日月乎？多见其不知量也。"

19.25　陈子禽谓子贡曰："子为恭也，仲尼岂贤于子乎？"子贡曰："君子一言以为知，一言以为不知，言不可不慎也。夫子之不可及也，犹天之不可阶而升也。夫子之得邦家者，所谓立之斯立，道之斯行，绥之斯来，动之斯和。其生也荣，其死也哀，如之何其可及也？"

二十、尧曰篇

20.01 尧曰[①]："咨[②]！尔舜[③]！天之历数在尔躬[④]，允执其中[⑤]。四海困穷，天禄永终[⑥]。"舜亦以命禹。曰："予小子履[⑦]，敢用玄牡[⑧]，敢昭告于皇皇后帝[⑨]：有罪不敢赦[⑩]。帝臣不蔽[⑪]，简在帝心[⑫]。朕躬有罪[⑬]，无以万方[⑭]；万方有罪，罪在朕躬。"周有大赉[⑮]，善人是富[⑯]。"虽有周亲[⑰]，不如仁人。百姓有过，在予一人。"谨权量[⑱]，审法度[⑲]，修废官[⑳]，四方之政行焉。兴灭国[㉑]，继绝世[㉒]，举逸民[㉓]，天下之民归心焉。所重：民、食、丧、祭。宽则得众，信则民任焉[㉔]，敏则有功，公则说[㉕]。

【注】 ①尧：又称唐尧。帝喾之子，祁姓，名放勋，原封于唐，故称陶唐氏。谥号为尧。在万国争雄的乱世，尧团结亲族，联合友邦，征讨四夷，统一了华夏诸族，被推举为部落联盟首领。被司马迁视为"最理想的君主"。 ②咨：即"啧"，感叹词，表示赞美。③舜：姚姓，亦作妫姓，号有虞氏，名重华，史称"虞舜"，"三皇五帝"之一。舜为东夷族群的代表。生而重瞳，孝敬友爱，善于制陶，得

到唐尧的认可与禅位，建立有虞国。即位之后，虚怀纳谏，惩罚奸佞，流放四凶（共工、獾兜、三苗、鲧）；任贤使能，百业兴旺（皋陶管理五刑，大禹治理水利、后稷主管农业、契主管五教），禅位于大禹，谥号为舜，又称帝舜、虞舜、舜帝。禹：姒姓，夏后氏，名文命，上古时期夏后氏首领、夏朝开国君王，历史治水名人，史称大禹、帝禹、神禹。黄帝的玄孙，颛顼的后代，鲧的儿子。相传，禹治理洪水有功，接受帝舜禅让，继承帝位。国号为夏，分封丹朱（尧的儿子）于唐国，分封商均（舜的儿子）于虞国。作为夏朝的第一位君王，后人称为夏禹，成为上古时代与伏羲、黄帝比肩的贤圣帝王。最卓著的功绩，就是历来被传颂的治理滔天洪水，又划定九州、建立夏朝，后人尊称为大禹。禹死后，安葬于会稽山（今浙江绍兴），仍存禹庙、禹陵、禹祠。从夏启开始，历代帝王大都来禹陵祭祀。 ④历数：帝王相继的次序。 ⑤允：真诚，诚信。中：中庸，即无过、无不及之谓。《尚书·大禹谟》："人心惟危，道心惟微，惟精惟一，允执厥中。"儒家谓之十六字真言。 ⑥天禄：君禄。 ⑦履：商汤的名。⑧玄牡：黑色的公牛。 ⑨皇皇：伟大。后帝：天帝。 ⑩赦：赦免。 ⑪蔽：掩蔽，隐瞒。 ⑫简：引申为明白的意思。 ⑬朕：商汤自称。 ⑭万方：万民。 ⑮赉（lài）：赏赐。 ⑯善人：质美而未学者也。参阅 11.14、11.19。富：多。 ⑰周亲：至亲。过：责备，怨言。本句出自《尚书·周书·泰誓中》（系周武王联诸侯讨伐纣王时所作）。 ⑱权：秤锤，指测量轻重的标准。量：斗斛，指测量容积的标准。 ⑲法度：类似现在的法律和制度。 ⑳修废官：整治废置的官员和机构。谨权量，审法度，修废官：系互文。㉑兴灭国：复兴被灭的诸侯国。 ㉒继绝世：续承快断绝的世家。㉓举逸民：推举遗忘的贤人。兴灭国，继绝世，举逸民：系互文。意为不忘先祖。 ㉔信则民任焉：诚信取得民众信任。强调"宽、信、敏、公”四要。信，乃任何个人、组织安身立命之根本。 ㉕说：同“悦”。宽则得众，信则民任焉，敏则有功，公则说：系互文。

【释文】 尧（辟位由舜继天子位的时候）说：“啧啧！舜啊！按照天道安排的帝王次序，帝位已经落到你身上了，你要真诚地执守中庸之道。如果四海的百姓贫困穷苦，上天给你的君禄也就永远终止了。”舜禅让时也这样告诫禹。商汤说：“我小子履，谨用黑色的公牛作为祭品，斗胆向伟大的天帝祷告：有罪的桀，我不敢擅自赦免，您的臣仆我也不敢掩盖隐瞒其罪恶，这些天帝您心里是清楚的。如果我本人有罪，不要牵连天下万民；天下万民有罪，罪责就归到我一个人身上。”周朝得到天道的恩赐，使善人多起来。“虽然（纣王）有众多至亲，还不如我有仁德之人。百姓有怨言，过错在我一人身上。”审定、统一、改进天下的度、量、衡，各种法律、礼仪、规章制度，各类官职、机构的职能，天下四方的政令就会通行了。复兴、恢复、启用前朝的诸侯国、家族、贤人，天下的百姓就会诚心归服了。帝王该重视的是：民众、粮食、丧礼、祭祀。宽厚、诚恳守信、勤敏、公正就会得到民众的拥护和信任，民众就心悦诚服，就能取得伟大的功业。

【编者按】

一、朱熹《四书章句集注》：“杨氏曰：‘《论语》之书，皆圣人微言，而其徒传守之，以明斯道者也。故于终篇，具载尧、舜咨命之言，汤、武誓师之意，与夫施诸政事者，以明圣学之所传者，一于是而已，所以著明二十篇之大旨也。《孟子》于终篇，亦历叙尧、舜、汤、文、孔子相承之次，皆此意也。’”

二、信，参阅 1.04、1.05、1.06、1.07、1.08、1.13、2.22、5.09、

5.25、5.27、7.01、7.24、8.13、8.16、12.07、12.10、13.04、13.20、14.18、14.33、15.05、15.17、15.36、16.04、17.06、19.10、19.11。

20.02　子张问于孔子曰："何如斯可以从政矣①？"子曰："尊五美，屏四恶②，斯可以从政矣。"子张曰："何谓五美？"子曰："君子惠而不费③，劳而不怨④，欲而不贪⑤，泰而不骄⑥，威而不猛⑦。"子张曰："何谓惠而不费？"子曰："因民之所利而利之，斯不亦惠而不费乎？择可劳而劳之，又谁怨？欲仁而得仁，又焉贪？君子无众寡，无小大，无敢慢，斯不亦泰而不骄乎？君子正其衣冠，尊其瞻视⑧，俨然人望而畏之，斯不亦威而不猛乎？"子张曰："何谓四恶？"子曰："不教而杀谓之虐⑨；不戒视成谓之暴⑩；慢令致期谓之贼⑪；犹之与人也⑫，出纳之吝⑬，谓之有司⑭。"

【注】 ①斯：连词。从政：参与国家政事。　②屏(bǐng)：同"摒"，除去。　③费：浪费。　④怨：怨恨，牢骚。　⑤欲：欲望，指求仁之欲。贪：贪求(财色、名利)。　⑥泰：安泰，安宁。骄：骄横跋扈。　⑦猛：凶猛。　⑧瞻视：观瞻。指外观。　⑨虐：残酷不仁。　⑩戒：同"诫"，告诫。　⑪致期：规定期限。　⑫犹：好比。之：这里指财物。与：(均分)给予。犹之与人：好比财物(均分)给百姓。　⑬出(chù)：给人，出手。出纳："出"和"纳"两个意义相反的词连用，其中"纳"的意义虚化，只含"出"的意义。　⑭有司：古代管事者的称谓。这里指管理财物的库吏，他们的特点是出纳钱

财计算精确。喻施政者不爱民，小气而很少惠民。

【释文】 子张向孔子问道："怎样才可以参与国家政事呢？"孔子说："推崇五种美德，摒弃四种恶政，这样就可以参与政事了。"子张说："五种美德是什么？"孔子说："君子使百姓得到好处却不浪费，使唤百姓而百姓不怨恨，有欲望但不贪婪，安泰但不骄横，威严而不凶猛。"子张说："怎样是惠而不费呢？"孔子说："百姓能得到的利益就设法让他们得到，这不就是使百姓得到好处却不浪费吗？选择恰当的时间、事情让百姓去劳动，那老百姓怎么会有怨言呢？想要仁德就得到了仁德，还要贪求什么呢？无论人多人少，无论职位高低，无论胆子大小，君子都一视同仁，这不就是安泰却不骄横吗？君子衣冠整齐，目不斜视，态度庄重让人望而生敬畏之情，这不就是威严而不凶猛吗？"子张说："四种恶政是什么？"孔子说："不进行教化就杀戮叫作'虐'；没有告诫便要求看到成果叫作'暴'；政令起先懈怠而又突然要求限期完成叫作'贼'；好比财物（均分）给老百姓，却出手吝啬，叫作'有司'。"

【编者按】

一、朱熹《四书章句集注》："尹氏曰：'告问政者多矣，未有如此之备者也。故记之以继帝王之治，则夫子之为政可知也。'"

二、狭义的"为政"即"仕"。参阅 1.05、2.03、2.18、2.19、2.20、2.21、3.19、3.26、5.02、7.10、10.10、11.13、12.07、12.09、12.11、12.13、12.14、12.17、12.19、13.01、13.02、13.05、13.09、13.16、13.17、13.18、13.20、13.29、13.30、14.08、14.09、14.23、14.29、15.08、15.27、15.40、16.01、16.06、18.02、18.10、19.10、19.13、19.19、20.01。

20.03 孔子曰:“不知命[①],无以为君子也[②]。不知礼,无以立也[③]。不知言[④],无以知人也[⑤]。”

【注】 ①命:天命,意为天道。 ②无以:“无所以”的省略。 ③立:正立,指在社会上立足。 ④知言:善于分析别人的言语,辨别是非善恶。 ⑤知人:了解一个人。不知命,无以为君子也。不知礼,无以立也。不知言,无以知人也:系互文。

【释文】 孔子说:“不懂得天命、礼节、知言,就无法成为君子,无法在社会上处世立身,无法了解一个人。”

【编者按】

一、朱熹《四书章句集注》:“程子曰:‘知命者,知有命而信之也。人不知命,则见害必避,见利必趋,何以为君子?’”再:“不知礼,则耳目无所加,手足无所措。”又:“言之得失,可以知人之邪正。”

二、参阅 1.16、6.23、12.22。

三、君子乃修身之至。参阅 1.01、1.02、1.08、1.14、2.12、2.13、3.07、4.05、4.10、4.11、4.16、5.15、6.03、6.16、6.24、7.25、7.32、7.36、8.02、8.06、9.06、11.01、12.04、12.05、12.08、12.19、12.24、13.03、13.23、13.25、14.07、14.24、14.28、14.29、14.30、14.45、15.01、15.06、15.17、15.20、15.31、15.33、15.36、16.07、16.08、16.10、17.23、17.24、18.10、19.03、19.04、19.07、19.09、19.10、19.20、19.21、20.02。

【小结】此章是《论语》的总结。论述《论语》的主要内容赓续三代圣人天子,强调政之本、知之要。

附　录

老　子

1.道可道，非常道；名可名，非常名。无名，天地之始；有名，万物之母。故常无欲，以观其妙；常有欲，以观其徼。此两者，同出而异名，同谓之玄。玄之又玄，众妙之门。

2.天下皆知美之为美，斯恶已；皆知善之为善，斯不善已。故有无相生，难易相成，长短相较，高下相倾，音声相和，前后相随。是以圣人处无为之事，行不言之教，万物作焉而不辞，生而不有，为而不恃，功成而弗居。夫唯弗居，是以不去。

3.不尚贤，使民不争；不贵难得之货，使民不为盗；不见可欲，使民心不乱。是以圣人之治：虚其心，实其腹；弱其志，强其骨。常使民无知无欲，使夫智者不敢为也。为无为，则无不治。

4.道冲，而用之或不盈。渊兮，似万物之宗。挫其锐，解其纷；和其光，同其尘。湛兮，似或存。吾不知谁之子，象帝之先。

5.天地不仁，以万物为刍狗；圣人不仁，以百姓为刍狗。天地之间，其犹橐籥乎？虚而不屈，动而愈出。多言数穷，不如守中。

6.谷神不死，是谓玄牝。玄牝之门，是谓天地根。绵绵若存，用之不勤。

7.天长地久。天地所以能长且久者，以其不自生，故能长生。是以圣人后其身而身先，外其身而身存。非以其无私邪？故能成其私。

8.上善若水，水善利万物而不争。处众人之所恶，故几于道。居善地，心善渊，与善仁，言善信，正善治，事善能，动善时。夫唯不争，故无尤。

9.持而盈之，不如其已；揣而棁之，不可长保。金玉满堂，莫之能守；富贵而骄，自遗其咎。功遂身退，天之道。

10.载营魄抱一，能无离乎？专气致柔，能婴儿乎？涤除玄览，能无疵乎？爱民治国，能无知乎？天门开阖，能无雌乎？明白四达，能无为乎？生之、畜之，生而不有，为而不恃，长而不宰，是谓玄德。

11.三十辐共一毂，当其无，有车之用。埏埴以为器，当其无，有器之用。凿户牖以为室，当其无，有室之用。故有之以为利，无之以为用。

12.五色令人目盲，五音令人耳聋，五味令人口爽，驰骋畋猎令人心发狂，难得之货令人行妨。是以圣人为腹不为目，故去彼取此。

13.宠辱若惊，贵大患若身。何谓宠辱若惊？宠，为下得之若惊，失之若惊，是谓宠辱若惊。何谓贵大患若身？吾所以有大患者，为吾有身，及吾无身，吾有何患！故贵以身为天下，若可寄天下；爱以身为天下，若可托天下。

14.视之不见名曰夷，听之不闻名曰希，搏之不得名曰微。此三者不可致诘，故混而为一。其上不皦，其下不昧。绳绳不可名，复归于无物。是谓无状之状，无物之象。是谓惚恍。迎之不见其首，随之不见其后。执古之道，以御今之有。能知古始，是谓道纪。

15.古之善为士者，微妙玄通，深不可识。夫唯不可识，故强为之容：豫焉若冬涉川，犹兮若畏四邻，俨兮其若客，涣兮若冰之将释，敦兮其若朴，旷兮其若谷，混兮其若浊。孰能浊以静之徐清？孰能安以久动之徐生？保此道者不欲盈。夫唯不盈，故能蔽不新成。

16.致虚极，守静笃。万物并作，吾以观复。夫物芸芸，各复归其根。归根曰静，是谓复命。复命曰常，知常曰明。不知常，妄作，凶。知常容，容乃公，公乃王，王乃天，天乃道，道乃久，没身不殆。

17.太上，下知有之。其次，亲而誉之。其次，畏之。其次，侮之。信不足，焉有不信焉。悠兮其贵言，功成事遂，百姓皆谓"我自然"。

18.大道废，有仁义；慧智出，有大伪；六亲不和，有孝慈；国家昏乱，有忠臣。

19.绝圣弃智，民利百倍；绝仁弃义，民复孝慈；绝巧弃利，盗贼无有。此三者，以为文不足，故令有所属：见素抱朴，少私寡欲。

20.绝学无忧。唯之与阿，相去几何？善之与恶，相去若何？人之所畏，不可不畏。荒兮其未央哉！众人熙熙，如享太牢，如春登台。我独泊兮其未兆，如婴儿之未孩；儽儽兮若无所归！众人皆有余，而我独若遗。我愚人之心也哉！沌沌兮！俗人昭昭，我独昏昏。俗人察察，我独闷闷。澹兮其若海，飂兮若无止。众人皆有以，而我独顽似鄙。我独异于人，而贵食母。

21.孔德之容，惟道是从。道之为物，惟恍惟惚。惚兮恍兮，其中有象；恍兮惚兮，其中有物；窈兮冥兮，其中有精。其精甚真，其中有信。自古及今，其名不去，以阅众甫。吾何以知众甫之状哉？

以此。

22.曲则全，枉则直；洼则盈，敝则新；少则得，多则惑。是以圣人抱一，为天下式。不自见故明，不自是故彰，不自伐故有功，不自矜故长。夫唯不争，故天下莫能与之争。古之所谓曲则全者，岂虚言哉？诚全而归之。

23.希言自然。故飘风不终朝，骤雨不终日。孰为此者？天地。天地尚不能久，而况于人乎？故从事于道者，道者同于道，德者同于德，失者同于失。同于道者，道亦乐得之；同于德者，德亦乐得之；同于失者，失亦乐得之。信不足，焉有不信焉。

24.企者不立，跨者不行，自见者不明，自是者不彰，自伐者无功，自矜者不长。其在道也，曰余食赘行，物或恶之，故有道者不处。

25.有物混成，先天地生。寂兮寥兮，独立不改，周行而不殆，可以为天下母。吾不知其名，字之曰“道”，强为之名曰“大”。大曰逝，逝曰远，远曰反。故道大，天大，地大，王亦大。域中有四大，而王居其一焉。人法地，地法天，天法道，道法自然。

26.重为轻根，静为躁君。是以圣人终日行不离辎重。虽有荣观，燕处超然。奈何万乘之主，而以身轻天下？轻则失本，躁则失君。

27.善行无辙迹，善言无瑕谪，善数不用筹策，善闭无关楗而不可开，善结无绳约而不可解。是以圣人常善救人，故无弃人；常善救物，故无弃物，是谓袭明。故善人者，不善人之师；不善人者，善人之资。不贵其师，不爱其资，虽智大迷，是谓要妙。

28.知其雄，守其雌，为天下谿。为天下谿，常德不离，复归于婴儿。知其白，守其黑，为天下式。为天下式，常德不忒，复归于无极。知其荣，守其辱，为天下谷。为天下谷，常德乃足，复归于朴。

朴散则为器，圣人用之则为官长。故大制不割。

29.将欲取天下而为之，吾见其不得已。天下神器，不可为也。为者败之，执者失之。故物或行或随，或歔或吹，或强或羸，或挫或隳。是以圣人去甚、去奢、去泰。

30.以道佐人主者，不以兵强天下。其事好还：师之所处，荆棘生焉；大军之后，必有凶年。善有果而已，不敢以取强。果而勿矜，果而勿伐，果而勿骄，果而不得已，果而勿强。物壮则老，是谓不道，不道早已。

31.夫佳兵者，不祥之器。物或恶之，故有道者不处。君子居则贵左，用兵则贵右。兵者，不祥之器，非君子之器，不得已而用之，恬淡为上，胜而不美。而美之者，是乐杀人。夫乐杀人者，则不可以得志于天下矣。吉事尚左，凶事尚右。偏将军居左，上将军居右，言以丧礼处之。杀人之众，以哀悲泣之；战胜，以丧礼处之。

32.道常无名，朴虽小，天下莫能臣也。侯王若能守之，万物将自宾。天地相合以降甘露，民莫之令而自均。始制有名，名亦既有，夫亦将知止。知止可以不殆。譬道之在天下，犹川谷之于江海。

33.知人者智，自知者明。胜人者有力，自胜者强。知足者富，强行者有志；不失其所者久，死而不亡者寿。

34.大道泛兮，其可左右。万物恃之而生而不辞，功成不名有，衣养万物而不为主。常无欲，可名于小；万物归焉而不为主，可名为大。以其终不自为大，故能成其大。

35.执大象，天下往。往而不害，安平太。乐与饵，过客止。道之出口，淡乎其无味，视之不足见，听之不足闻，用之不足既。

36.将欲歙之，必固张之；将欲弱之，必固强之；将欲废之，必固兴之；将欲夺之，必固与之。是谓微明。柔弱胜刚强。鱼不可脱于渊,国之利器不可以示人。

37.道常无为,而无不为。侯王若能守之,万物将自化。化而欲作,吾将镇之以无名之朴。无名之朴,夫亦将无欲。不欲以静,天下将自定。

38.上德不德,是以有德;下德不失德.是以无德。上德无为而无以为,下德为之而有以为。上仁为之而无以为,上义为之而有以为,上礼为之而莫之应,则攘臂而扔之。故失道而后德,失德而后仁,失仁而后义,失义而后礼。夫礼者,忠信之薄而乱之首。前识者,道之华而愚之始。是以大丈夫处其厚,不居其薄;处其实,不居其华。故去彼取此。

39.昔之得一者:天得一以清,地得一以宁,神得一以灵,谷得一以盈,万物得一以生,侯王得一以为天下贞。其致之。天无以清将恐裂,地无以宁将恐发,神无以灵将恐歇,谷无以盈将恐竭,万物无以生将恐灭,侯王无以贵高将恐蹶。故贵以贱为本,高以下为基。是以侯王自谓孤寡不榖。此非以贱为本邪?非乎?故致数舆无舆。不欲琭琭如玉,珞珞如石。

40.反者,道之动;弱者,道之用。天下万物生于有,有生于无。

41.上士闻道,勤而行之;中士闻道,若存若亡;下士闻道,大笑之,不笑不足以为道。故建言有之:明道若昧,进道若退,夷道若颣。上德若谷,大白若辱,广德若不足,建德若偷,质真若渝,大方无隅,大器晚成,大音希声,大象无形,道隐无名。夫唯道,善贷且成。

42.道生一,一生二,二生三,三生万物。万物负阴而抱阳,冲气以为和。人之所恶,唯孤、寡、不榖,而王公以为称。故物,或损之而益,或益之而损。人之所教,我亦教之:强梁者不得其死,吾将以为教父。

43.天下之至柔，驰骋天下之至坚，无有入无间，吾是以知无为之有益。不言之教，无为之益，天下希及之。

44.名与身孰亲？身与货孰多？得与亡孰病？是故甚爱必大费，多藏必厚亡。知足不辱，知止不殆，可以长久。

45.大成若缺，其用不弊。大盈若冲，其用不穷。大直若屈，大巧若拙，大辩若讷。躁胜寒，静胜热。清静为天下正。

46.天下有道，却走马以粪；天下无道，戎马生于郊。祸莫大于不知足，咎莫大于欲得。故知足之足，常足矣。

47.不出户，知天下；不窥牖，见天道。其出弥远，其知弥少。是以圣人不行而知，不见而名，不为而成。

48.为学日益，为道日损。损之又损，以至于无为。无为而无不为。取天下常以无事，及其有事，不足以取天下。

49.圣人无常心，以百姓心为心。善者，吾善之；不善者，吾亦善之，德善。信者，吾信之；不信者，吾亦信之，德信。圣人在天下歙歙，为天下浑其心。圣人皆孩之。

50.出生入死。生之徒十有三，死之徒十有三。人之生动之死地，亦十有三。夫何故？以其生生之厚。盖闻善摄生者，陆行不遇兕虎，入军不被甲兵；兕无所投其角，虎无所措其爪，兵无所容其刃。夫何故？以其无死地。

51.道生之，德畜之，物形之，势成之。是以万物莫不尊道而贵德。道之尊，德之贵，夫莫之命而常自然。故道生之，德畜之：长之，育之，亭之，毒之，养之，覆之。生而不有，为而不恃，长而不宰，是谓玄德。

52.天下有始，以为天下母。既得其母，以知其子；既知其子，复守其母，没身不殆。塞其兑，闭其门，终身不勤。开其兑，济其事，终身不救。见小曰明，守柔曰强。用其光，复归其明，无遗身殃，是为习常。

53.使我介然有知，行于大道，唯施是畏。大道甚夷，而民好径。朝甚除，田甚芜，仓甚虚，服文彩，带利剑，厌饮食，财货有余，是谓盗夸。非道也哉！

54.善建者不拔，善抱者不脱，子孙以祭祀不辍。修之于身，其德乃真；修之于家，其德乃余；修之于乡，其德乃长；修之于国，其德乃丰；修之于天下，其德乃普。故以身观身，以家观家，以乡观乡，以国观国，以天下观天下。吾何以知天下之然哉？以此。

55.含德之厚，比于赤子。蜂虿虺蛇不螫，猛兽不据，攫鸟不搏。骨弱筋柔而握固。未知牝牡之合而全作，精之至也。终日号而不嗄，和之至也。知和曰常，知常曰明，益生曰祥，心使气曰强。物壮则老，谓之不道，不道早已。

56.知者不言，言者不知。塞其兑，闭其门，挫其锐，解其分，和其光，同其尘，是谓玄同。故不可得而亲，不可得而疏；不可得而利，不可得而害；不可得而贵，不可得而贱。故为天下贵。

57.以正治国，以奇用兵，以无事取天下。吾何以知其然哉？以此。天下多忌讳，而民弥贫；民多利器，国家滋昏；人多伎巧，奇物滋起；法令滋彰，盗贼多有。故圣人云："我无为而民自化，我好静而民自正，我无事而民自富，我无欲而民自朴。"

58.其政闷闷，其民淳淳；其政察察，其民缺缺。祸兮福之所倚，福兮祸之所伏。孰知其极？其无正？正复为奇，善复为妖。人之迷，其日固久。是以圣人方而不割，廉而不刿，直而不肆，光而不耀。

59.治人事天，莫若啬。夫唯啬，是谓早服；早服谓之重积德，重积德则无不克，无不克则莫知其极，莫知其极，可以有国。有国之母，可以长久。是谓深根固柢，长生久视之道。

60. 治大国若烹小鲜。以道莅天下，其鬼不神；非其鬼不神，其神不伤人；非其神不伤人，圣人亦不伤人。夫两不相伤，故德交归焉。

61. 大国者下流，天下之交，天下之牝。牝常以静胜牡，以静为下。故大国以下小国，则取小国；小国以下大国，则取大国。故或下以取，或下而取。大国不过欲兼畜人，小国不过欲入事人。夫两者各得其所欲，大者宜为下。

62. 道者，万物之奥。善人之宝，不善人之所保。美言可以市，尊行可以加人。人之不善，何弃之有？故立天子，置三公，虽有拱璧以先驷马，不如坐进此道。古之所以贵此道者何？不曰：以求得，有罪以免邪？故为天下贵。

63. 为无为，事无事，味无味。大小多少，报怨以德。图难于其易，为大于其细。天下难事，必作于易；天下大事，必作于细。是以圣人终不为大，故能成其大。夫轻诺必寡信，多易必多难。是以圣人犹难之，故终无难矣。

64. 其安易持，其未兆易谋，其脆易泮，其微易散。为之于未有，治之于未乱。合抱之木，生于毫末；九层之台，起于累土；千里之行，始于足下。为者败之，执者失之，是以圣人无为故无败，无执故无失。民之从事，常于几成而败之。慎终如始，则无败事。是以圣人欲不欲，不贵难得之货；学不学，复众人之所过，以辅万物之自然而不敢为。

65. 古之善为道者，非以明民，将以愚之。民之难治，以其智多。故以智治国，国之贼；不以智治国，国之福。知此两者，亦稽式。常知稽式，是谓玄德，玄德深矣远矣，与物反矣，然后乃至大顺。

66. 江海所以能为百谷王者，以其善下之，故能为百谷王。是以欲上民，必以言下之；欲先民，必以身后之。是以圣人处上而民不重，处前而民不害。是以天下乐推而不厌。以其不争，故天下莫能与之争。

67. 天下皆谓我道大，似不肖。夫唯大，故似不肖。若肖，久矣其细也夫。我有三宝，持而保之：一曰慈，二曰俭，三曰不敢为天下先。慈，故能勇；俭，故能广；不敢为天下先，故能成器长。今舍慈且勇，舍俭且广，舍后且先，死矣。夫慈，以战则胜，以守则固。天将救之，以慈卫之。

68. 善为士者不武，善战者不怒，善胜敌者不与，善用人者为之下。是谓不争之德，是谓用人之力，是谓配天、古之极。

69. 用兵有言："吾不敢为主而为客，不敢进寸而退尺。"是谓行无行，攘无臂，扔无敌，执无兵。祸莫大于轻敌，轻敌几丧吾宝。故抗兵相加，哀者胜矣。

70. 吾言甚易知，甚易行；天下莫能知，莫能行。言有宗，事有君。夫唯无知，是以不我知。知我者希，则我者贵。是以圣人被褐怀玉。

71. 知不知，上；不知知，病。夫唯病病，是以不病。圣人不病，以其病病，是以不病。

72. 民不畏威，则大威至；无狎其所居，无厌其所生。夫唯不厌，是以不厌。是以圣人自知不自见，自爱不自贵。故去彼取此。

73. 勇于敢则杀，勇于不敢则活。此两者，或利或害。天之所恶，孰知其故？是以圣人犹难之。天之道，不争而善胜，不言而善应，不召而自来，繟然而善谋。天网恢恢，疏而不失。

74. 民不畏死，奈何以死惧之！若使民常畏死，而为奇者，吾得执而杀之，孰敢？常有司杀者杀，夫代司杀者杀，是谓代大匠斫。夫代大匠斫者，希有不伤其手矣。

75.民之饥,以其上食税之多,是以饥;民之难治,以其上之有为,是以难治;民之轻死,以其上求生之厚,是以轻死。夫唯无以生为者,是贤于贵生。

76.人之生也柔弱,其死也坚强;万物草木之生也柔脆,其死也枯槁。故坚强者死之徒,柔弱者生之徒。是以兵强则不胜,木强则兵。强大处下,柔弱处上。

77.天之道,其犹张弓与!高者抑之,下者举之;有余者损之,不足者补之。天之道,损有余而补不足;人之道则不然,损不足以奉有余。孰能有余以奉天下?唯有道者。是以圣人为而不恃,功成而不处,其不欲见贤。

78.天下莫柔弱于水,而攻坚强者莫之能胜,其无以易之。弱之胜强,柔之胜刚,天下莫不知,莫能行。是以圣人云:“受国之垢,是谓社稷主;受国不祥,是为天下王。”正言若反。

79.和大怨,必有余怨,安可以为善?是以圣人执左契,而不责于人。有德司契,无德司彻。天道无亲.常与善人。

80.小国寡民。使有什伯之器而不用;使民重死而不远徙。虽有舟舆,无所乘之;虽有甲兵,无所陈之;使人复结绳而用之。甘其食,美其服,安其居,乐其俗。邻国相望,鸡犬之声相闻,民至老死不相往来。

81.信言不美,美言不信。善者不辩,辩者不善。知者不博,博者不知。圣人不积:既以为人,己愈有;既以与人,己愈多。天之道,利而不害;圣人之道,为而不争。

参考文献

[1] 朱熹.四书章句集注[M].北京:中华书局,2011.
[2] 王弼,楼宇烈.老子道德经注校释[M].北京:中华书局,2008.
[3] 杨永胜.国学经典大全集[M].北京:外文出版社,2012.
[4] 杨伯峻.论语译注:简体字本[M].北京:中华书局,2017.
[5] 张葆全.论语注释[M].桂林:漓江出版社,2014.
[6] 5000 言[DB/OL].[2023-10-22].https://5000yan.com/

后　记

“天不生仲尼，万古如长夜！”知统情养生之道，享快乐幸福长寿。究一生之疑问，《论语》皆有合理答案。本著适合农民、工人、知识分子等各类群体，适合老年、中年、青年、少年等各年龄段。本书既可用于自学自悟，亦可作培训资料。百遍读之，终生悟之。

拜读《论语》之圣人圣言，谓之修行，亦知行合一。修之内圈，行之外圈；不可偏颇，互为体证。（如图所示）

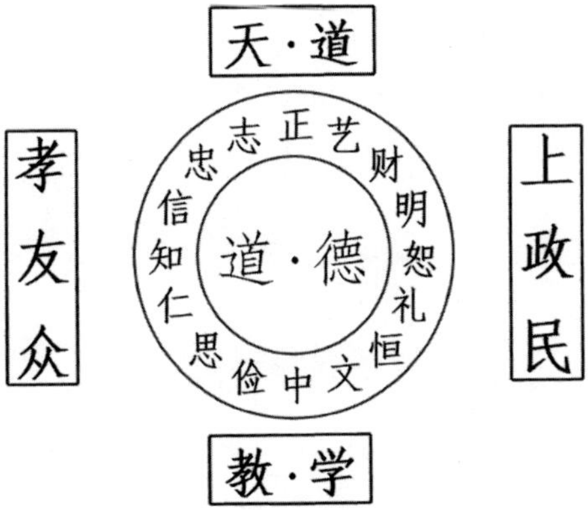

《论语》总纲

编者

二〇二四年六月